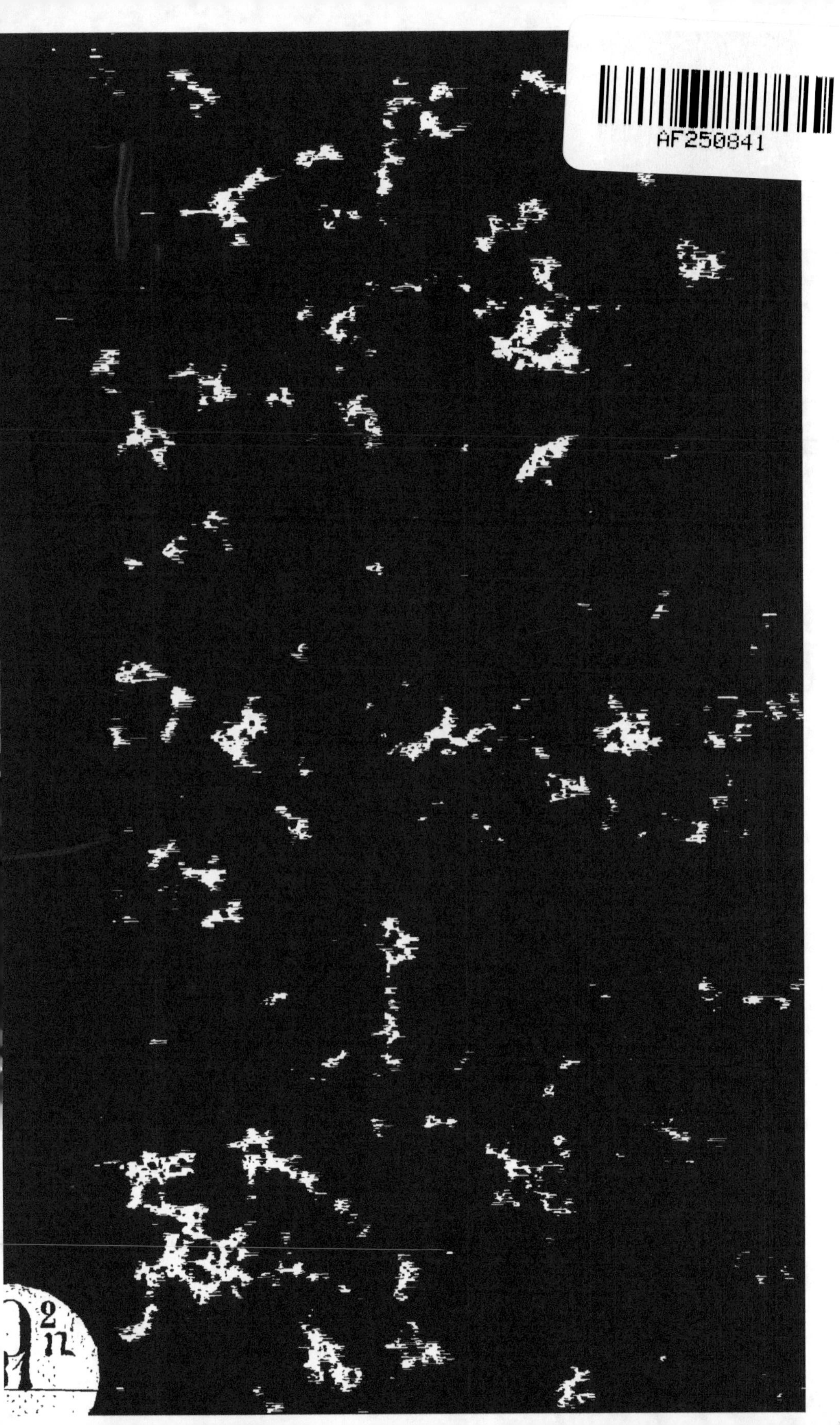

LA CONQUÊTE DE LA CHINE.

Bruxelles. — Imp. Korn. Verbruggen.

LA CONQUÊTE

DE

LA CHINE.

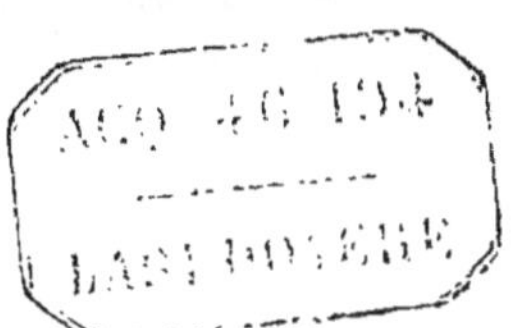

LONDRES.

WILLIAMS ET NORGATE,

Henriette Street, Covent Garden.

BRUXELLES & LEIPSIG.

C. MUQUARDT,

LIBRAIRE-EDITEUR.

1856

INTRODUCTION.

Depuis la découverte de l'Amérique et de la route du
cap de Bonne-Espérance, les peuples de l'Europe ont
commencé, soit par les armes, soit par l'influence pacifique du commerce et des autres arts de la civilisation,
la conquête du reste du monde. Sans doute, cette conquête a été signalée par des barbaries regrettables : la
destruction des empires florissants et presque civilisés
du Mexique et du Pérou, la persécution inintelligente et
cruelle des races indigènes, l'introduction de l'esclavage
des nègres en Amérique, les passions et les maladies les
plus délétères de notre civilisation, inoculées aux peuples enfants de l'Océanie, et, en dernier lieu, la guerre
de l'opium, ces crimes et ces fautes ont pu faire regret-

ter à des amis de l'humanité que les Christophe Colomb et les Vasco de Gama eussent ouvert de nouvelles issues à l'activité exubérante des peuples de l'Europe. Cependant si l'on considère, dans l'ensemble de ses résultats, l'irruption immense et continue de la civilisation européenne sur les autres parties du monde, on se convaincra aisément que la somme du bien qu'elle a produit l'emporte sur celle du mal; on se convaincra que le rapprochement et la mise en communication de tant de peuples demeurés pendant si longtemps isolés, sans liens entre eux, enfin que la domination des plus énergiques et des plus intelligents sur les plus faibles et les moins éclairés, ont largement contribué à améliorer la condition générale de l'espèce humaine.

En tous cas, ce mouvement d'expansion de la civilisation européenne est un fait dont nul ne saurait méconnaitre l'importance et la grandeur. Car, dans le cours de trois siècles et demi, les peuples de l'Europe ont assujetti à leur domination plus des trois quarts de la terre habitable.

Donnons un simple aperçu de leurs conquêtes.

Le continent asiatique a été entamé, au nord et au midi, par la Russie et l'Angleterre. La Russie occupe tout l'immense espace qui est compris entre les monts Ourals et le détroit de Behring, l'Océan Glacial, la Chine et la Tartarie, offrant une étendue de 15,645,000 kilom. carrés, c'est-à-dire à peu près double de celle de l'Europe entière. Dans le midi, la Compagnie des Indes a conquis les vastes et magnifiques territoires qui s'étendent du plateau du Thibet au cap Comorin, et soumis à la domination britannique 150 millions d'âmes. Dans l'Océan Indien, l'Angleterre et la Hollande, à Ceylan, à Singapore, à Bornéo et à Java, exercent un pouvoir souverain sur des populations nombreuses et sur des terres d'une inépuisable fécondité.

En Afrique, les Français, après vingt ans d'efforts et de sacrifices, ont réussi à s'établir solidement dans la région du nord, et, selon toute apparence, leur domination finira pas s'étendre sur tout le littoral et jusqu'au Grand-Désert. La côte occidentale est couverte d'établissements européens. Au midi, les Anglais et les *Boers* pénètrent peu à peu dans l'intérieur, faisant reculer devant eux les Cafres, ces Bédouins de l'Afrique méridionale. Enfin, d'audacieux pionniers de la science s'efforcent de percer les ténèbres qui dérobent encore les profondeurs de ce vaste continent à la curiosité et bientôt peut-être à l'esprit d'entreprise de l'Europe.

En Amérique, c'est la race européenne qui domine au nord aussi bien qu'au midi, sur les débris des races autochtones tombées victimes de la barbare rapacité des conquérants, et, chaque année, un demi-million d'émigrans vont compléter cette prise de possession du nouveau monde par la civilisation de l'ancien.

Enfin, dans l'Océanie, le continent à peu près désert de l'Australie est vigoureusement entamé par la pioche des chercheurs d'or. L'émigration de l'Europe s'est rencontrée là avec celle de l'Amérique et l'Asie, mais c'est la race européenne qui tient le sceptre. Ailleurs, dans la plupart des archipels de la Polynésie, des établissements militaires ou de simples missions ont commencé l'œuvre de l'occupation, que la hache et la pioche des émigrants iront achever plus tard.

On voit donc que les peuples civilisés débordent aujourd'hui de l'Europe sur le reste du monde, comme autrefois les peuples barbares débordèrent de l'Asie sur l'Europe; on voit que ce grand reflux de la Civilisation sur la Barbarie a déjà atteint et recouvert la plus grande partie du globe.

En dehors de l'immense domaine sur lequel les peuples de l'Europe ont étendu leur empire, il ne reste plus que les profondeurs mystérieuses du continent africain, les steppes de la Tartarie, le plateau du Thibet, l'orient et l'occident de l'Asie, avec leurs dépendances insulaires. Or si nous examinons la situation de ces contrées qui ont échappé jusqu'à présent à la domination européenne, quel spectacle frappera nos regards? Ici, ce sera la barbarie primitive, avec ses instincts cruels et sa corruption naïve; la guerre en permanence, l'anthropophagie et la promiscuité des sexes; là, dans l'empire chinois par exemple, ce sera la décrépitude prématurée d'une civilisation arrêtée dans son essor par les barrières artificielles que lui oppose un despotisme sénile et ombrageux. Partout, ce sera une infériorité matérielle et morale si grande que l'occupation européenne, malgré les crimes et les fautes qui lui servent trop souvent de cortége, constituerait sur l'état actuel des choses un progrès manifeste.

Cela étant, on peut prédire, sans craindre d'être démenti par l'événement, que la force même des choses amènera ce progrès comme elle en a déjà amené tant d'autres ; on peut prédire que le grand mouvement d'expansion de la civilisation européenne, qui a commencé à l'époque de la découverte de l'Amérique et de la nouvelle route des Indes, ne s'arrêtera qu'après avoir complété son évolution, c'est-à-dire qu'après que le monde entier, déjà aux trois quarts assujetti, aura subi la loi des peuples de l'Europe, ces aînés de la civilisation, investis par là même de la mission de la propager et, au besoin, de l'imposer.

En étudiant la situation des contrées, qui restent encore en dehors du mouvement européen, nous avons été particulièrement frappé de l'état de désorganisation sociale où se trouve actuellement plongée une des régions les plus riches et les plus populeuses de la terre, nous voulons parler du vaste empire qui s'étend à l'extrémité orientale du vieux continent. Affaissé sous un despotisme caduc, en proie à une anarchie dissolvante, l'empire chinois est menacé d'un cataclysme imminent, si l'Europe n'intervient point pour régénérer ses institutions qui tombent de vétusté et de corruption. Cette décomposition politique et sociale d'une des familles les plus nombreuses de l'espèce humaine, tous les voyageurs l'ont constatée, mais sans réussir à bien apprécier la portée du mal dont leurs regards étaient frappés, sans réussir non plus à en signaler le remède. Nous ignorons si nous avons été plus heureux. Tout ce que nous pouvons affirmer, après une étude approfondie d'une situation dont la gravité n'est pas assez comprise, c'est que l'intervention active des puissances européennes est actuellement plus nécessaire encore dans l'extrême Orient qu'elle ne l'a été en Turquie ; c'est que, si cette intervention qui intéresse le salut de plusieurs centaines de millions d'hommes, se fait trop longtemps attendre, l'immense Empire du Milieu succombera dans une crise suprême dont notre industrie et notre commerce subiront le contre-coup désastreux ; c'est que, soit que nous le voulions ou non, nous serons entraînés pour sauvegarder nos intérêts, à étendre aux confins du monde oriental l'inévitable et tutélaire empire de notre civilisation.

I

Situation et ressources de l'empire chinois.

Situé à l'extrémité orientale de l'ancien continent, l'empire chinois occupe une superficie de 13,960,000 kilom. carrés, soit d'un tiers environ plus étendue que celle de l'Europe entière. La Chine proprement dite compte dans ce vaste espace pour 3,375,000 kilom. carrés, c'est-à-dire pour une superficie égale à celle des divers États de l'Europe, moins la Russie. Le reste est occupé par les États dépendants ou tributaires au nombre de huit. Sous le rapport du climat, des productions végétales et des richesses minérales, cet immense empire est une des contrées les plus favorisées du globe. De vastes plaines, parmi lesquelles il faut signaler la grande plaine de la Chine qui nourrit à elle seule une population compacte de 160 millions d'âmes, en forment le noyau, et dans ces plaines qu'arrose un admirable système d'irrigations naturelles et artificielles, croissent les productions végétales les plus abondantes et les plus variées. Le riz, les céréales, des légumes de toute sorte, le thé, le coton, la canne à sucre, le mûrier dont la feuille nourrit le ver à soie, une des principales et des plus anciennes richesses du pays, y abondent. Dans les montagnes qui bordent ces plaines, où sont concentrés les éléments d'une exploitation agricole si féconde, on trouve de l'or, de l'argent, du mercure, du fer, de l'arsenic, du cobalt, des diamants et d'autres pierres précieuses. La houille et les bitumes, l'alun, le sel, le salpêtre, le marbre, le porphyre, et cette fameuse terre à porcelaine qui fournit aux Chinois une des plus précieux éléments de leur industrieuse activité, abondent également dans l'empire.

Mais les richesses naturelles n'ont de valeur qu'autant qu'elles trouvent pour les exploiter une population laborieuse, intelligente et économe. Sous ce rapport encore, la Chine a été particulièrement favorisée. Aucune race n'est douée à un plus haut degré des qualités requises pour la production que celle qui pullule dans l'*Empire du Milieu*. Apreté au travail, génie inventif, merveilleuse habileté de main, sobriété, économie poussée jusqu'à l'avarice la plus sordide, tels sont les traits caractéristiques du travailleur chinois. L'esprit d'entreprise, l'instinct et le goût des affaires commerciales ne caractérisent pas à un degré moindre, les classes moyennes et supérieures. Aussi, dès la plus haute antiquité, à une époque où le reste du monde, à l'exception de l'Inde, de la Mésopotamie et de l'Égypte, était encore enveloppé dans les langes de la barbarie, la Chine possédait-elle déjà une civilisation florissante. Lorsque Marco Polo l'eût visitée au xiiie siècle, la description qu'il donna de ce monde inconnu, dont la civilisation dépassait à tant d'égards celle de l'Europe du Moyen Age, parut aux beaux esprits du temps fabuleuse et incroyable. Ce fut seulement trois ou quatre siècles plus tard, lorsque la Chine eut été explorée par les missionnaires, qu'on se convainquit que les récits du voyageur vénitien n'étaient entachés d'aucune exagération.

Cependant, malgré la multiplicité des ressources naturelles et acquises dont elle dispose, la civilisation chinoise semble s'être arrêtée. Supérieure sous bien des rapports à la civilisation de l'Europe du Moyen Age, elle est bien distancée par celle de l'Europe du xixe siècle. Agriculture, industrie, navigation, sciences, arts, littérature, tout demeure stationnaire dans l'empire chinois. Et comme le progrès est nécessaire dans la vie des nations, comme tout peuple renferme en soi des germes de dissolution, des éléments de mort qui finissent par prédominer, lorsqu'ils ne sont point incessamment combattus et refoulés par de nouvelles acquisitions qui enrichissent et fortifient ses éléments de vitalité, la Chine se présente aujourd'hui avec tous les hideux et lamentables stigmates de la décadence. C'est ainsi que l'immense majorité de ses habitants se trouve en proie à une misère tellement affreuse, que les moyens les plus odieux et les plus révoltants ont dû être employés pour combattre l'accroissement excessif de la population. L'infanticide a passé, en Chine, à l'état de coutume, et, malgré cet immonde et cruel remède, la population y dépasse encore continuellement les moyens de subsistance. Dans les mauvaises années, la famine sévit en Chine comme elle sévissait dans l'Europe du Moyen Age, moissonnant des populations entières. Enfin, même dans les bonnes années, les classes inférieures des populeuses provinces qui bordent le littoral sont obligées de se contenter des plus vils aliments. Il n'est pas rare de voir, dans la rivière de Canton par exemple, des bandes affamées se ruer sur les animaux morts que les eaux charrient.

D'après le recensement officiel de 1813, la population de la Chine était de 360,279,897 habitants, non compris 188,326 familles appartenant au service de l'empereur. Cette population est considérable sans doute, et, dans certaines provinces, elle dépasse celle des départements les plus populeux de la France. Elle ne serait point excessive cependant, eu égard à l'immensité des ressources naturelles dont elle peut disposer, si les capitaux, qui ne sont pas moins nécessaires à la production que le travail et les agents naturels, ne lui faisaient défaut.

Cette rareté des capitaux, cause immédiate de l'avilissement des salaires et de l'abjecte misère des classes salariées, se manifeste d'abord par l'élévation extrême du taux de l'intérêt (l'intérêt légal en Chine est de 3 p. c. par mois et de 30 p. c. par an (1)), ensuite, et d'une manière plus

---

(1) J. F. Davis, *la Chine*, tradution de Pichard et Bazin aîné, t. 1er, p. 172.

visible encore, par le peu de durée et l'insuffisance du matériel de la production.

« Le témoignage des voyageurs, dit à ce sujet un savant économiste américain, M. Rae, cité par M. Stuart Mill, attribue aux instruments fabriqués par les Chinois une durée très-inférieure anx instruments analogues fabriqués par les Européens. Les maisons, nous dit-on, excepté celles des personnages d'un rang élevé, sont généralement construites en briques séchées au feu, en terre, c'est-à-dire en fascines formant corps avec celle-ci ; les toits sont formés de roseaux liés à des lattes. On peut à peine concevoir des objets fabriqués d'une façon moins solide et destinés à moins durer. Les cloisons de leurs maisons sont faites en papier ; il faut les renouveler chaque année. On peut faire des observations analogues sur leurs instruments de culture et leurs autres ustensiles. Ces instruments sont presque entièrement fabriqués en bois, et les métaux n'entrent qu'en proportion très-faible dans leur fabrication ; en conséquence, ils s'usent très-vite et ont besoin d'être souvent renouvelés. Un désir plus puissant et plus réel d'accumulation les ferait fabriquer avec des matériaux exigeant, pour le présent, une dépense plus considérable, mais qui seraient bien plus durables. Par la même cause, beaucoup de terres qui, dans d'autres pays, seraient mises en culture, restent en friche. Tous les voyageurs ont remarqué de vastes étendues de terrains, surtout de marécages, qui continuent à rester dans l'état de nature. Mettre un terrain marécageux en culture est généralement une opération qui, pour être complétée, exige plusieurs années. Le terrain doit préalablement être soumis au *drainage*; la superficie en doit être longtemps exposée au soleil ; un grand nombre d'opérations doivent s'accomplir avant qu'il puisse être mis en état de produire une récolte. Bien que ce terrain donne probablement un rapport très-considérable pour le travail qu'on y a dépensé, le résultat se fait longtemps attendre. La culture d'un semblable terrain implique un désir d'accumulation plus puissant et plus réel que celui qui existe dans l'empire chinois. (1) »

L'écrivain que nous venons de citer attribue, comme on voit, au défaut de prévoyance et d'esprit d'économie des populations de l'empire chinois, l'insuffisance des capitaux qui leur seraient nécessaires pour mettre en pleine exploitation les éléments de richesse que la nature leur a départis d'une main libérale. Mais si M. Rae a bien apprécié l'influence de la rareté des capitaux sur la condition du peuple chinois, en revanche, il s'est mépris sur les causes qu'il convient de lui assigner. En effet, les Chinois qui émigrent dans les possessions anglaises et hollandaises de la Malaisie et de l'Australie se font remarquer non moins par un « désir d'accumulation, » un esprit d'économie exagéré le plus souvent jusqu'à l'avarice, que par l'ardeur et la persistance au travail. En quelques années, ces émigrants laborieux et économes du Céleste Empire accumulent des fortunes parfois considérables, dans des contrées où les émigrants d'Europe, moins actifs, moins patients et moins sobres, subissent les plus rudes épreuves de la misère. Aussi, la concurrence de cette race laborieuse et économe est-elle impatiemment supportée par les autres émigrants, et à diverses reprises l'expulsion des Chinois a-t-elle été réclamée dans les nouveaux établissements, en vue de protéger les travailleurs de souche européenne (1).

---

(1) Rae, cité par M. Stuart Mill. Traduction de MM. Dussart et Courcelle Seneuil, t. 1er, p. 195.
(2) Voir à l'Appendice, note *A*.

Comment donc se fait-il que cet esprit d'économie qui caractérise à un si haut point la race chinoise ne se manifeste point en Chine même, au moins sous une forme visible ? Comment se fait-il que les mêmes hommes qui accumulent si promptement des capitaux dans les contrées soumises à la domination européenne, semblent dépourvus du « désir d'accumulation » dans la mère-patrie ? A quoi tient cette anomalie qui paraît au premier abord inexplicable ?

Elle tient à l'absence de la première des conditions nécessaires pour déterminer l'accumulation des capitaux et leur application à la production, nous voulons parler de la sécurité. C'est en vain que la population de la Chine possède un immense territoire, où la nature a prodigué ses dons les plus précieux ; c'est en vain que cette population est pourvue de toutes les qualités nécessaires pour mettre en valeur le magnifique domaine dont elle dispose, ces éléments de richesse et de civilisation sont rendus stériles par l'influence malfaisante d'un gouvernement débile et corrompu. L'administration chinoise semble s'être proposée pour but d'entraver tout progrès, et de détruire toute sécurité dans la vaste portion du globe, qui se trouve livrée à son autorité arbitraire. Comme on va le voir, elle n'y a que trop bien réussi.

II

Le gouvernement chinois.

Si l'innombrable population du Céleste Empire est richement pourvue des qualités nécessaires pour accomplir les œuvres fécondes de la paix, en revanche elle est complétement impropre aux travaux de la guerre. Les Chinois sont, sans contredit, les plus mauvais soldats du monde. Aussi la Chine, comme l'Inde, a-t-elle été fréquemment la proie des races belliqueuses qui peuplent l'Asie centrale, et, selon toute apparence, elle est destinée à subir encore, plus d'une fois, leur joug, à moins que les *Barbares* de l'Occident ne lui accordent leur puissante sauvegarde comme ils l'ont accordée aux molles populations de l'Inde.

En 1260, pour ne pas remonter plus haut, la Chine fut

envahie et conquise par les Tartares mongols, sous le commandement de Koublaï-Khan, petit-fils du fameux Gengis-Khan. Ce conquérant fut le premier souverain de la dynastie mongole des Yuen qui regna jusqu'en 1368. A cette époque, une insurrection analogue à celle qui désole actuellement le Céleste Empire, éclata avec une violence irrésistible. Les Mongols, dont l'oppression était devenue intolérable, furent surpris et massacrés, le même jour, sur tous les points du territoire. La dynastie des Ming, de souche nationale, succèda à la dynastie mongole. Mais, en 1644, d'autres peuplades de l'Asie centrale, les Tartares Mantchoux, envahirent, à leur tour, l'Empire du Milieu et le soumirent à leur domination. Ces conquérants fondèrent la dynastie des Tsing actuellement régnante.

L'empire chinois se trouve donc soumis à une domination étrangère. Ce sont des souverains de race tartare qui le gouvernent. Seulement, les Chinois ayant sur les Tartares l'avantage que procure la supériorité de l'intelligence et des connaissances acquises, la conquête n'a que faiblement modifié l'administration intérieure de l'empire. Les institutions qui existaient avant la conquête ont continué de subsister après. Les Tartares ont subi complétement l'ascendant de la civilisation chinoise, et, à la différence des Barbares qui envahirent jadis l'empire romain, ils n'ont apporté aucun élément de progrès à cette civilisation croupissante et corrompue. Telle était la Chine à l'époque de la conquête, telle elle est demeurée jusqu'à nos jours. Seule, l'administration militaire a été placée entre les mains des Tartares. Dans chaque province, un com-

mandant militaire tartare, avec une petite troupe de soldats de sa nation, surveille à la fois et la population assu-
jettie et le troupeau nombreux, mais peu redoutable des
soldats chinois. Quant à l'administration civile, elle n'a
reçu aucune modification : on s'est borné à dédoubler les
grandes charges de l'État et à les faire remplir simultané-
ment par des Tartares et des Chinois. Les frais de gouvernement ont été ainsi augmentés, mais le mécanisme admi-
nistratif est demeuré le même.

Le gouvernement chinois est une monarchie absolue.
Le *Fils du Ciel* est assisté d'un conseil suprême composé d'un
nombre égal de Chinois et de Tartares ; mais, au témoignage des voyageurs et des missionnaires, ce grand conseil
de l'empire se borne à ratifier les ordres de l'empereur,
sans se permettre jamais la moindre objection. L'administration est dirigée par six conseils dont les attributions
sont analogues à celles des ministères des États européens.
La division administrative se compose de dix-huit provinces, d'une importance fort inégale. La moins peuplée,
le Kwei-chow n'a que 5,288,000 habitants ; la plus considérable, le Keang-Soo en a 37,843,000. Ces provinces sont
divisées en départements ; ceux-ci en arrondissements, et
ces derniers en districts. Chaque province a son gouver-
neur civil ou vice-roi et son commandant militaire qui se
surveillent mutuellement et qui doivent en référer pour
les affaires importantes à l'administration centrale.

L'administration chinoise ne diffère donc pas essentiel-
lement dans son mécanisme de celle des principaux États
de l'Europe. Mais voici où gît la différence. C'est qu'en

Chine la Classe des Lettrés seule a le droit de participer aux emplois publics. Or, pour être admis dans la Classe des Lettrés, il faut subir un examen dont le programme, dressé il y a deux ou trois mille ans, n'a jamais été modifié, en sorte que l'éducation de la classe qui administre la Chine se trouve en retard de vingt à trente siècles. Encore si cet appareil de connaissances surannées était d'un poids supportable ! Mais non. Les épreuves de l'examen d'admission dans la classe lettrée sont, au contraire, effroyablement longues et compliquées. En outre, tout avancement dans la hiérarchie ne s'obtient qu'au prix d'un nouvel examen. Il en résulte que les fonctionnaires qui veulent monter en grade doivent s'attacher non point à exceller dans la pratique de l'administration, mais à acquérir le fatras inutile et pédantesque dont la connaissance est indispensable pour réussir dans les examens.

A l'origine, ce système qui rendait les fonctions publiques accessibles à tous les hommes dont la capacité était solennellement attestée, au lieu d'en faire le monopole exclusif d'une caste, ce système a eu son mérite. Mais pour qu'il continuât à donner toujours de bons fruits, il aurait fallu en premier lieu que la matière des examens fût incessamment modifiée, de manière à être mise en harmonie avec les connaissances et les besoins de chaque époque ; en second lieu, qu'aux garanties intellectuelles requises pour arriver aux emplois publics, s'ajoutassent les garanties morales. Voilà malheureusement ce qui n'a point eu lieu : les programmes des examens sont demeurés immuables, et les certificats de capacité délivrés aux Lettrés ont tenu lieu de toute garantie morale. De là, l'esprit rétrograde et la corruption qui caractérisent l'administration chinoise.

On s'étonne souvent que les Chinois, après avoir découvert la plupart des instruments et des procédés qui ont le plus contribué aux progrès de la civilisation, la boussole, la fabrication du papier, l'imprimerie, la poudre à canon, etc., etc., se soient tout à coup arrêtés dans leurs acquisitions, comme si. pour nous servir de l'expression pittoresque d'un économiste , M. Courcelle-Seneuil , une main de plomb s'était appesantie sur leur cerveau, pour y comprimer la pensée. Cette main de plomb est celle de la hiérarchie lettrée qui gouverne la Chine, et qui a fini par empêcher toute amélioration, tout progrès, même dans les arts purement matériels. Pour ne citer qu'un seul exemple, on ne saurait rien voir de plus informe et de plus grossier que les jonques qui composent la marine marchande et la flotte de guerre du Céleste Empire. Cependant les Chinois sont de très-habiles constructeurs, et ils font pour les maisons européennes établies à Canton et à Shanghaï des navires qui ne sont point inférieurs aux nôtres. Pourquoi donc construisent-ils encore aujourd'hui leurs jonques sur les modèles en usage il y a deux mille ans ? Tout simplement parce que l'administration leur défend de les construire autrement.

« J'ai connu, dit un voyageur, un négociant chinois qui, faisant construire une jonque, voulut introduire quelques changements dans la disposition de l'arrière du bâtiment. Ces modifications consistaient simplement à diminuer l'immense volume de la poupe et à soutenir le gouvernail par des ferrements, et pourtant elles parurent aux mandarins d'une telle énormité, qu'ils taxèrent la jonque à l'égal d'un navire européen, et firent éprouver tant de vexations au malheureux armateur qu'ils finirent par le ruiner (1). »

On s'explique après cela que l'industrie chinoise ait cessé de progresser. C'est que le progrès lui est formellement interdit par une administration qui demeure rivée au culte du passé par un programme immuable.

A ce fétichisme de la routine qui caractérise l'administration du Céleste Empire, vient se joindre une corruption qui dépasse tout ce qu'on pourrait imaginer. Écoutons à ce sujet un voyageur dont le témoignage a un poids considérable. M. Jurien de la Gravière :

« L'administration chinoise, dit-il, a depuis longtemps atteint le dernier degré de la corruption ; les officiers turcs sont des modèles d'équité et de désintéressement auprès des mandarins du Céleste Empire. Tout est arbitraire et vénal dans la conduite de ses magistrats lettrés ; la justice est au plus offrant et les fonctions publiques sont l'objet d'un trafic honteux. Ces institutions littéraires, dont l'appareil imposant fait encore l'admiration de l'Europe, n'ont organisé que le pillage ; ces fonctionnaires qui ont passé leur vie à commenter les préceptes de Confucius n'en pressurent pas moins le peuple sans pudeur, et se voient pressurés à leur tour par les mandarins d'un ordre supérieur. Autour de ces magistrats dégradés viennent se grouper les *satellites*, troupe immonde, composée d'hommes de la plus basse classe,

---

(1) *Quinze ans de voyage autour du monde.*

tout à la fois soldats, agents de police et bourreaux ; affreux pillards qui passent leur vie à jouer et à fumer l'opium, et n'ont pour ainsi dire d'autres moyens d'existence que le produit de leurs rapines. Le *fils du ciel*, le *souverain maître du monde*, l'empereur, vit enfermé dans son palais à quatre lieues de Peking, et sait à peine ce qui se passe dans ses Etats. L'exercice de sa suprême puissance est tout entier dans les mains de ces esclaves hypocrites qui forment autour de son trône un cercle impénétrable.

« Le désordre des finances est encore une des plaies de l'empire chinois. L'impôt se perçoit en nature ou en numéraire, et doit être apporté à Peking aux frais des contribuables. En argent, le trésor impérial ne reçoit, année moyenne, que 479 millions de francs; mais les quantités de riz, de thé, de soie, de cotonnades qu'engouffre la seule ville de Peking sont incalculables. Il n'est pas de ville au monde qui puisse offrir le tableau d'une aussi énorme importation, importation presque sans retour, car le sol est peu fertile dans la province du Pe-tché-ly, et les produits qu'y fabrique l'industrie, se dirigent vers le Nord. Les bannières nomades campées en dehors de la grande muraille, les Tartares mantchoux et mongols vivent, ainsi que les mandarins de Peking, des bienfaits de l'empereur.

« Vingt millions sont affectés chaque année par la munificence impériale à l'entretien des fleuves; les provinces s'imposent d'immenses sacrifices pour le même objet. Cependant les canaux se comblent, les fleuves rompent leur digues, et l'on craint qu'avant trente ans l'eau ne vienne à manquer dans le grand canal. Le déficit est partout : dans le produit des douanes, dans celui des monopoles; la ferme seule du sel doit à l'Etat plus de 15 millions. Les hôpitaux, les greniers dotés par le gouvernement voient leurs revenus dévorés par l'avidité des mandarins et des satellites. Ce ne sont point les institutions qui manquent à la Chine; mais ces institutions sont aujourd'hui comme un arbre épuisé qui ne peut plus porter de fruits. La Peyrouse l'avait déjà remarqué en 1787 : « Ce peuple, disait-il, dont les lois sont si vantées en Europe, est peut-être le peuple le plus malheureux, le plus vexé et le plus arbitrairement gouverné qu'il y ait sur le terre (1). »

L'arbitraire et la vénalité, tels sont, d'après M. Jurien de la Gravière, d'accord en cela avec Lapeyrouse et avec tous les autres voyageurs, les caractères distinctifs du gouvernement du Céleste Empire. Ajoutons-y une faiblesse si grande que ce gouvernement est complètement impuissant à protéger ses sujets contre le brigandage, et à se protéger lui-même contre une agression un peu sérieuse.

Parmi les plaies endémiques qui désolent la Chine, il faut compter le vol et la piraterie. Dans certaines provinces, les voleurs, organisés par bandes nombreuses, défient la police des mandarins, et le commerce est obligé de leur payer un tribut régulier. Dans son voyage en Tartarie et au Thibet, l'éminent missionnaire M. Huc raconte qu'à son arrivée à Kao-tan-Dze, ville frontière de l'empire, on lui demanda s'il voulait loger dans une auberge *où l'on se bat,* ou bien dans une auberge *où l'on ne se bat pas.* Comme il n'était pas au courant des usages, il s'informa de quoi il s'agissait. Dans les auberges où l'on se bat, lui dit-on, on défend les voyageurs contre les voleurs ; dans les auberges où l'on ne se bat pas, on les laisse voler. Les premières sont naturellement beaucoup plus chères, car les frais de défense sont portés au compte des voyageurs.

---

(1) *Voyage en Chine et dans les mers et archipels de cet empire, pendant les années* 1847, 1848, 1849, 1850, par Jurien de la Gravière, capitaine commandant la corvette *la Bayonnaise,* envoyée par le gouvernement français dans ces parages, 2 vol. in-8°, Paris 1853.

Or, dans la localité où florissaient ces deux espèces d'auberges, il existait cependant une station de la police impériale ; mais la police chinoise, au lieu d'être une sauvegarde n'est trop souvent qu'un danger de plus pour ceux qu'elle a mission de protéger. Quant aux pirates, ils ont, en quelque sorte, pris possession des mers qui baignent le Céleste Empire, et, jusqu'à ces derniers temps, le commerce était obligé de souffrir leurs déprédations ou de leur payer tribut. Les choses en vinrent au point qu'en 1849, la marine britannique, cédant aux sollicitations des négociants, et sans tenir compte des résistances jalouses des autorités chinoises, se décida à faire une expédition en règle contre les pirates , qu'elle détruisit par milliers. Avec deux petits navires à vapeur, les Anglais brûlèrent ou coulèrent à fond cinquante-huit grandes jonques de guerre, commandées par un chef qui avait fait longtemps la terreur des populations des côtes.

« De tous temps, dit encore M. Jurien de la Gravière qui raconte cette expédition audacieuse, la piraterie s'est exercée avec impunité sur les côtes du Céleste Empire. Elle y a souvent pris des proportions formidables. Ce fut un chef de pirates qui tenta, au xvie siècle, la conquête de Luçon ; un autre chef de pirates, quatre-vingt-six ans plus tard, enleva l'île de Formose aux Hollandais. En 1808, un mandarin disgracié avait réuni soixante-dix mille hommes et huit cents jonques sous ses ordres. C'est en gagnant quelques-uns de ces chefs de bandes, en les opposant adroitement les uns aux autres, que les autorités chinoises parvenaient à combattre les progrès d'un mal devenu incurable, et suppléaient à l'insuffisance de leurs ressources militaires. Le commerce et les habitants du littoral subissaient d'ailleurs, avec une

complète résignation, les exactions de cés malfaiteurs ; ils ache-
taient par de fortes rançons une sécurité précaire, et plus d'un
honnête commerçant était soupçonné de verser, annuellement,
une prime d'assurance entre les mains des ennemis déclarés de
l'empereur. (1) »

Cette impuissance notoire du gouvernement du Fils du
Ciel devait naturellement encourager les tentatives d'insurrection, que les abus monstrueux de l'administration
ne justifiaient d'ailleurs que trop. Des sociétés secrètes,
organisées, les unes, simplement en vue de délivrer le
pays de la domination étrangère, et de replacer sur le
trône les descendants plus ou moins authentiques de l'ancienne dynastie nationale des *Ming,* détrônée en 1644 ; les
autres ayant, au contraire, un caractère communiste, rê-
vant une nouvelle organisation sociale, dans laquelle la
propriété serait supprimée, ces associations dont les doc-
trines et les tendances étaient opposées, mais qui avaient
pour but commun la destruction du gouvernement établi,
recrutèrent d'innombrables adeptes sur tous les points de
l'empire. Mais les habitudes de soumission passive qui caractérisent les peuples asiatiques et le prestige immense
dont le Pouvoir se trouve revêtu dans les régions soumises à la domination du Fils du Ciel retardèrent longtemps l'explosion du mouvement révolutionnaire. La
guerre de l'opium, en détruisant une partie de ce prestige qui est la principale force du gouvernement chinois,

---

(1) *Voyage en Chine,* t. II, p. 269.

vint ranimer le courage des mécontents et exalter les espé-
rances des conspirateurs. En vain, les mandarins firent des
efforts incroyables pour donner le change à l'opinion sur
l'issue véritable de cette guerre. Le coup était porté, et,
quelques années plus tard, une insurrection formidable
bouleversait l'empire. Pendant deux ans, les insurgés rem-
portèrent des victoires continuelles sur les troupes impé-
riales. Un moment même, ils parvinrent à occuper Nankin,
la seconde capitale de l'empire, et l'on put croire que c'en
était fait de la dynastie tartare. Heureusement pour le
gouvernement impérial, les excès abominables auxquels
se livraient les insurgés indisposèrent contre eux les populations, et d'ailleurs ces rebelles n'étaient pas de meil-
leurs soldats que leurs adversaires. La ruse et la trahison
aidant, le gouvernement a fini par reprendre l'avantage.
L'insurrection a perdu du terrain, et dans quelques provinces, notamment dans la vice-royauté de Canton, on a
réussi à la noyer dans des flots de sang. En moins de six
mois, 70,000 insurgés ont été exécutés dans la seule ville
de Canton, et les journaux européens qui se publient dans
l'extrême Orient, ont donné sur ces massacres des détails
qui soulèvent le cœur (1). Toutefois, au moment où nous
écrivons, l'insurrection domine encore dans plusieurs provinces que désolent à la fois la guerre civile et la famine.
Si elle venait à se généraliser de nouveau, l'empire dis-
puté par les satellites de la domination tartare, les *légiti*-

---

(1) Voir à l'appendice, note *B*.

mistes, partisans de l'ancienne dynastie, et les communistes de la secte du *Pie-lien-Kiao* ou du *Nenuphar*, ne tombe- rait-il pas en pleine dissolution ?

Des dangers extérieurs, plus difficiles à conjurer que ceux du dedans, menacent encore l'existence fragile du Fils du Ciel. Ces dangers viennent, d'un côté, des peuplades tartares qui n'ont pas oublié l'époque où leurs hordes victorieuses se répandaient comme un torrent sur l'Empire du Milieu ; d'un autre côté, des *Barbares* de l'Occident , dont la guerre de l'opium a révélé l'irrésistible puissance. Grâce à sa politique prudente et rusée, le gouvernement de Peking a réussi jusqu'à présent à écarter le péril d'une nouvelle invasion des hordes de la Tartarie. Chaque année deux cents chefs de tribus tartares, pensionnés par le gouvernement impérial, vont se prosterner à Peking devant le Fils du Ciel, et recevoir, en échange de leurs hommages et de quelques redevances en nature, le montant de leur pension, tribut déguisé qui sert à maintenir les bonnes dispositions de ces voisins redoutés (1). Plus d'une fois, néanmoins, des révoltes ont éclaté parmi les peuplades immédiatement en contact avec l'administration chinoise, et ces révoltes n'ont été apaisées qu'à grand'-peine (2). Enfin, les tribus rivales de celles qui ont conquis la Chine en 1644 ne supportent qu'avec impatience le joug, et, au témoignage de M. Huc, elles n'attendent qu'un signal de leur grand lama pour s'emparer à leur tour d'un empire sur lequel elles se croient des droits.

---

(1) Voir à l'appendice, note *C*.
(2)   Id.   id.   note *D*.

« Les Mongols du pays de Khalkhas, dit M. Huc, ne voient dans les Mantchous qu'une race rivale, en possession d'une proie qu'eux-mêmes n'ont jamais cessé de convoiter. Souvent nous avons entendu des Mongols Kalkhas tenir sur le compte de l'empereur mantchou les propos les plus inconvenants et les plus séditieux. — Ces redoutables enfants de Tchinggiskan paraissent couver encore au fond de leurs cœurs des projets de conquête et d'envahissement : ils n'attendent, dirait-on, que le signal de leur grand lama pour marcher droit sur Peking, et reconquerir un empire qu'ils croient leur appartenir par la seule raison qu'ils en ont été autrefois les maîtres. (1) »

Ajoutons que « la grande muraille, » maintenant en ruine, ne serait plus un obstacle à l'invasion des fils de Tchinggiskhan. Le jour où le souverain spirituel de la Tartarie donnerait le signal attendu, l'empire chinois deviendrait donc, de nouveau, la proie des hordes à demi-barbares qui l'ont si souvent ravagé.

Ce n'est point de ce côté cependant que le gouvernement du Fils du Ciel est le plus menacé. D'après une antique prophétie, que les événements de la guerre de l'opium ont remise en vogue, le Céleste Empire doit être asservi un jour par les *Barbares aux cheveux blonds,* c'est-à-dire par des conquérants européens. Un moment, la prophétie fut sur le point d'être réalisée en 1842, et si les Anglais, facilement vainqueurs des « tigres » de l'armée impériale, n'avaient reculé devant les embarras que cette nouvelle conquête pouvait leur susciter en Europe, la

---

(3) *Souvenirs d'un voyage dans la Tartarie,* etc., t. Ier, p. 410.

Chine ferait partie aujourd'hui des domaines de la reine Victoria. Mais les causes qui ont fait reculer les Anglais pourraient bien ne pas arrêter d'autres peuples. Voici, par exemple, les Américains qui ont pris pied sur les rivages de l'Océan pacifique depuis la merveilleuse colonisation de la Californie et que la navigation à vapeur a mis à une distance de trente-huit journées seulement des côtes de la Chine (1). Déjà, ils ont forcé la barrière séculaire qui séparait le Japon du reste du monde. Qui sait si leurs vues ambitieuses ne se porteront pas bientôt sur l'Empire du Milieu, bien moins capable de leur résister que le Japon ? Qu'une expédition analogue à celle qui a menacé Cuba vienne à s'organiser à San-Francisco, en destination de la Chine, et l'antique prophétie relative aux Barbares aux cheveux blonds se trouvera réalisée, le Céleste Empire aura cessé d'exister.

On remarque dans les archives de l'Escurial une lettre de Pizarre, dans laquelle cet ambitieux et farouche *conquistador* offrait à l'empereur Charles-Quint d'aller conquérir l'empire chinois, si l'on voulait lui délivrer des Lettres-Patentes et lui confier une armée de 500 hommes. Charles-Quint refusa d'accueillir cette proposition audacieuse, que les conquêtes du Mexique et du Pérou, accomplies avec une facilité si étonnante, ne faisaient point paraître cependant trop téméraire. Mais la race des Pizarre n'est pas éteinte et les exemples récents des tentatives sur Cuba et de la

---

(1) Voir a l'appendice, note *E*.

conquête du Nicaragua attestent que les Pizarres américains n'attendent pas toujours, pour effectuer leurs entreprises, les Lettres-Patentes de leur gouvernement.

—◦•◦—

III

La guerre de l'opium.

Voilà donc un gouvernement dont la faiblesse est si grande qu'il est incapable de réprimer le brigandage et la rébellion au dedans, à plus forte raison de résister à une agression sérieuse du dehors ; un gouvernement d'ailleurs tellement vénal et corrompu qu'il est lui-même le plus grand fléau des populations qu'il a mission de protéger. Or, ce gouvernement pèse sur une population de 3 à 400 millions d'hommes, c'est-à-dire sur plus du tiers de l'espèce humaine. Ne serait-ce pas rendre un service signalé à la civilisation que de substituer à ce pouvoir débile et corrompu qui ramène à la barbarie une des nations les plus anciennement policées de la terre, un gouvernement à l'européenne? En admettant même que l'avènement de ce gouvernement civilisé fut signalé en Chine par des abus aussi criants que ceux qui ont marqué, dans l'Inde, l'établissement de la domination britannique, les Chinois ne gagneraient-ils pas à être débarrassés du joug du Fils du Ciel, comme les Indous ont gagné à échanger la domination du grand-mogol et des rajahs tributaires contre celle de la Compagnie des Indes ?

Essayons de nous faire une idée approximative des obstacles qu'une entreprise de ce genre pourrait rencontrer et des avantages généraux qui en résulteraient, tant pour les populations de l'extrême Orient que pour le reste du monde.

Le gouvernement chinois dispose d'une armée innombrable, mais qui est encore beaucoup moins en état de résister à des troupes européennes que les armées du grand roi de Perse ne l'étaient de lutter contre les soldats d'Alexandre. Nous avons vu le cas qu'en faisait Pizarre. Deux siècles plus tard, un voyageur écrivait au prince Eugène qu'il lui suffirait de 40,000 dragons pour conquérir la Chine.

« En 1728, lisons-nous dans l'*United Service Journal* auquel nous empruntons ce fait, l'empereur de la Chine avait sous les armes 600,000 hommes de troupes régulières. L'auteur de la lettre en question, adressée au prince Eugène, donnait à ce brave capitaine l'assurance la plus positive que, malgré cette armée, Son Altesse pourrait avec quarante ou cinquante mille dragons sous ses ordres conquérir tout l'empire chinois : il ajoutait qu'il ne croyait pas lui faire un compliment très-flatteur. Avant 1643, époque à laquelle les Tartares s'emparèrent de la Chine, on disait que le hennissement d'un cheval tartare aurait suffi pour mettre en déroute toute la cavalerie chinoise. Les Chinois eux-mêmes admettent la vérité de ce dicton ; mais voulant repousser la tache de couardise, ils affirment que le hennissement des chevaux de guerre tartares est tellement terrible qu'il jette la panique parmi les chevaux d'une autre race. »

On peut d'après cela se faire une idée de ce que vaut l'armée chinoise, si tant est qu'on puisse honorer du nom d'armée, une multitude confuse qui a conservé pour armes offensives l'arc et le fusil à mêche, sans parler des monstres en papier peint qui firent les délices de l'armée anglaise. dans la campagne de 1840. Quant aux troupes tartares qui constituent la seule défense sérieuse de l'empire, la guerre de l'opium a démontré qu'elles ne sont pas capables cependant de tenir tête aux soldats de l'Europe (1).

Arrêtons-nous un instant à cette guerre qui a révélé au monde la faiblesse ridicule du gouvernement vantard et superbe du « Fils du Ciel, souverain de la terre. »

La cause de la guerre de l'opium est bien connue, et il faut le dire, elle n'est pas précisément honorable pour les *Barbares aux cheveux rouges* (2), qui l'ont provoquée. Des quantités croissantes d'opium étaient introduites en Chine, et l'abus de cette drogue pernicieuse devenait pour

---

(1) Voir à l'appendice, note *F*.
(2) C'est le sobriquet sous lequel les Chinois désignent les Anglais.

les populations une cause effrayante de dépravation, pour
l'empire une cause de ruine. Envoyé à Canton pour mettre
fin à ce trafic funeste, le commissaire Lin fit jeter à la mer,
le 7 juin 1839, vingt mille caisses d'opium, représentant
une valeur d'environ 30 millions de francs. Or, la production de l'opium constitue, comme on sait, une des principales ressources de la Compagnie des Indes qui s'en est
réservé le monopole. L'Angleterre s'émut donc, et une
expédition fut résolue contre la Chine. Le 21 juin 1840, le
commodore sir James Gordon arrivait à Macao avec la
1re division de l'escadre expéditionnaire, et le 5 juillet
l'île de Chousan tombait aux mains des Anglais. L'année
suivante, car l'expédition ne fut pas conduite avec beaucoup d'activité, ils paraissaient devant Canton, qui se ra-
chetait moyennant une contribution de guerre de 36 millions de francs. Nulle part on ne leur opposa une résistance
sérieuse : en moins de deux mois, ils s'emparèrent d'Amoy,
de Chang-Haï, de Ning-Po, sans qu'il leur en coûtât plus
d'une vingtaine d'hommes. Cependant ces résultats, si
aisément obtenus, n'ayant pas suffi pour amener le gouvernement impérial à traiter, les chefs de l'expédition
résolurent de frapper un coup vigoureux, en attaquant
Nanking, la seconde capitale de l'empire. Une flotte composée de 70 navires, parmi lesquels 12 steamers et portant
9,000 hommes de débarquement, remonta le Yang-tse-
Kiang, ce fleuve immense qui baigne les murs de Nanking.
Le 20 juillet 1842, l'expédition se présentait devant Chin-
Kiang-Fou, à 40 milles de Nanking. Une armée considérable composée de Chinois était campée sur les hauteurs

et une garnison tartare était chargée de la défense de la
ville.

« Les Chinois, dit M. Jurien de la Gravière, ne tinrent pas un
instant contre la division anglaise qui fut chargée d'enlever les
positions qu'ils occupaient. Cette colonne n'essuya qu'une décharge impuissante ; mais l'ardeur du soleil foudroya plusieurs
hommes dans les rangs. A l'attaque de la ville, on éprouva une
résistance plus sérieuse : les Tartares disputèrent le terrain aux
Anglais avec un admirable courage. Chassés des remparts, ils se
précipitèrent dans leurs maisons pour y égorger leurs femmes et
leurs enfants et marchèrent de nouveau à l'ennemi. Les régiments
anglais, se croyant maîtres de la ville, s'avançaient sans défiance
entre les remparts et quelques jardins coupés de haies vives. Les
Tartares débouchèrent subitement sur le flanc de cette colonne ;
leur première décharge tua ou blessa plusieurs hommes ; les
Anglais reprirent bientôt l'offensive et ne firent aucun quartier
aux ennemis qu'ils purent atteindre : la prise de Chin-Kiang-
Fou leur avait coûté cent quatre vingt-cinq hommes tués et
blessés. (1) »

Tel fut le plus sanglant épisode de cette guerre. Après
avoir soumis Chin-Kiang-Fou, les Anglais mirent à la
voile pour Nanking, où ils arrivèrent le 7 août. Mais leurs
faciles triomphes avaient jeté l'épouvante au sein de la
cour de Peking. A tout prix, elle voulut faire la paix avec
ces Barbares dont la puissance était irrésistible. Un traité
signé à Nanking, le 29 août, empêcha les Anglais de poursuivre leur marche victorieuse. Par ce traité, le gouvernement chinois s'engageait à payer, en trois ans, une
contribution de guerre de 120 millions et à ouvrir au

---

(1) Jurien de la Gravière, t. 1er, p. 67.

commerce européen les cinq ports de Canton, Amoy, Fou-Tchou-Fou, Ning-Po et Shang-Haï, comme aussi à céder aux Anglais l'île de Hong-Kong. Ainsi se termina la guerre de l'opium.

Mais, de l'aveu de tous, les Anglais n'avaient qu'à poursuivre leur marche pour mettre fin à la domination du Fils du Ciel. Nanking était incapable de leur opposer une résistance sérieuse, et la possession de Nanking leur ouvrait la route de la capitale. Pourquoi hésitèrent-ils à pousser leur entreprise jusqu'au bout ? Peut-être se trouvèrent-ils pris au dépourvu par leurs faciles victoires ; peut-être encore reculèrent-ils devant la crainte de soulever contre eux l'opinion de l'Europe, assez peu édifiée sur la moralité d'une guerre entreprise pour assurer le placement d'un poison lucratif. Quoi qu'il en soit, ils se retirèrent, mais en emportant la conviction que la conquête de la Chine ne serait pour des troupes européennes que *l'affaire d'une simple promenade militaire.*

On pourrait objecter à la vérité que si les armées du Céleste Empire n'ont rien de redoutable pour des soldats européens, en revanche, l'hostilité d'une population de 3 à 400 millions d'hommes rendrait l'occupation difficile et périlleuse sinon impossible. Mais cette objection a été prévue et réfutée d'avance. Tous les voyageurs s'accordent à déclarer que l'aversion prétendue que les Chinois éprouvent pour les Européens n'est qu'une invention des mandarins (1) ; que bien loin d'être mal accueillie, une

---

(1) Voir à l'appendice, note *G.*

domination européenne se substituant au joug, maintenant plus que jamais exécré des conquérants tartares, serait bientôt et à bon droit considérée en Chine même
comme un inappréciable bienfait.

IV

Bienfaits de la conquête.

Nous venons de dire que la substitution de la domination européenne à la domination tartare serait pour les populations industrieuses et paisibles de l'Empire du Milieu un inappréciable bienfait. Il ne nous sera pas difficile de le prouver.

Supposons, en effet, qu'un gouvernement à l'européenne soit chargé des destinées du Céleste Empire, son premier soin sera de faire tomber les barrières séculaires qu'une administration retrograde oppose aujourd'hui à tout progrès. Aussitôt les arts de la production, maintenant assujettis à une routine immuable, se perfectionnent, tant par l'effort du génie national, dont le passé atteste la fécondité, que par l'importation des progrès réalisés en Europe. Les machines à vapeur, les chemins de fer, les télégraphes, et tous les autres instruments perfectionnés qui composent le merveilleux outillage de notre civilisation sont introduits en Chine, où ils ajoutent leur puissance productive à celle d'une population laborieuse et habile qui dispose d'un fonds inépuisable de ressources naturelles. En même temps, les hommes industrieux dont la vie et les propriétés sont à la merci des voleurs, des pirates et des insurgés, auxquels il faut joindre les mandarins eux-mêmes et la tourbe de leurs satellites, les hommes industrieux peuvent travailler en paix et accumuler les fruits de leur travail sans avoir à redouter le vol, le pillage et la spoliation. Les capitaux si lents à se former sous le régime actuel, se multiplient rapidement sous la tutelle bienfaisante d'un gouvernement qui s'attache à garantir la sécurité des populations au lieu de contribuer à la rendre précaire. En se multipliant, ils ouvrent de nouveaux débouchés au travail, et l'excès de population qui est la plaie endémique de l'empire chinois, cesse de se faire sentir. Alors, du même coup, l'infanticide, cette pratique infâme que les autorités sont actuellement obligées de tolérer, cesse de déshonorer les mœurs et de joindre la dépravation du crime à celle de la misère au sein des classes inférieures. Que si, enfin, les bras continuent à demeurer à l'état d'excédant, le continent australien, les archipels de l'Océanie et la côte occidentale de l'Amérique leur offrent un débouché dont l'avenir seul pourra fixer les limites. Cette émigration féconde, que le gouvernement chinois entrave aujourd'hui autant que cela est en son pouvoir, devenant libre peut prendre des proportions immenses, et procurer, un jour, une solution facile et naturelle au redoutable problème de l'abolition de l'esclavage (1).

Aux bienfaits de la sécurité intérieure viennent s'ajouter ceux de la sécurité extérieure. Les peuplades tartares, qui ont si souvent porté la désolation dans l'Empire du Milieu, ne seraient plus à redouter si un gouvernement européen occupait et défendait cet empire, éternel objet de leurs convoitises. La conquête européenne s'étendrait, au contraire, peu à peu, jusqu'au fond de l'Asie, portant avec elle la civilisation dans les contrées qui ont vu naître les Attila, les Gengis-Khan, les Tamerlan, ces *fléaux de Dieu* qui portèrent jadis la barbarie dans les foyers de la civilisation. En même temps, l'Empire du Milieu se trouverait à l'abri des tentatives plus redoutables encore des audacieux flibustiers qui semblent vouloir faire revivre en Amérique les traditions des Pizarre et des Almagro.

Enfin, avec la conquête européenne viendrait le christianisme. On sait à quelles cruelles persécutions nos missionnaires ont été exposés, en allant porter à la Chine les lumières morales de l'Evangile ; combien aussi, alors même que les persécutions avaient cessé, les autorités chinoises ont opposé d'obstacles à leur propagande. Avec un gouvernement européen qui accorderait aux missionnaires

---

(1) Voir à l'appendice, note *II.*

toutes les facilités nécessaires pour accomplir leur œuvre, le christianisme aurait bientôt réalisé des progrès immenses chez des populations bien disposées pour la plupart à l'accueillir, mais que la crainte des persécutions plus qu'aucune autre cause retient attachées aux autels de Fô ou de Bouddha. En peu d'années, les conversions se compteraient non plus par milliers mais par millions, et la régénération morale et religieuse de l'innombrable population du Céleste Empire deviendrait ainsi le complément de sa régénération matérielle.

Si maintenant nous envisageons la question au point de vue des intérêts européens, nous trouverons que ces intérêts plaident non moins énergiquement en faveur de la substitution d'un gouvernement civilisé au despotisme rétrograde qui arrête aujourd'hui l'essor industriel et commercial de la Chine. Malgré les entraves systématiques que le gouvernement de Peking oppose aux transactions de ses sujets avec les *Barbares* de l'Occident, le commerce que l'Europe et les États-Unis entretiennent avec la Chine s'élève annuellement à une somme d'environ 500 millions de francs, importations et exportations réunies. Le principal article d'exportation de la Chine est le thé, dont la consommation s'étend de plus en plus en Europe. Viennent ensuite la soie et les soieries, les *nankins*, les nattes, la rhubarbe, la porcelaine, etc., etc. En échange, la Chine reçoit des quantités considérables de tissus de laine et de coton, et une grande variété d'autres produits manufacturés. Mais combien ce mouvement commercial ne pourrait-il pas s'accroître si la Chine possédait un gouvernement civilisé et si elle était, dans toute son étendue, accessible au commerce européen ?

Lorsque le traité de Nanking eut ouvert quatre nouveaux ports à nos négociants, on ne manqua pas d'espérer que les relations commerciales de l'Europe avec la Chine en recevraient une impulsion considérable : cette espérance se trouva déçue. Le commerce ne profita que dans une proportion à peine sensible, des débouchés nouveaux qui lui étaient ouverts. On s'étonna d'abord beaucoup de ce que les stipulations en apparence si avantageuses du traité de Nanking demeurassent à peu près stériles ; mais cette énigme ne tarda pas à s'expliquer. Forcé de subir les conditions qu'il avait plu aux Anglais de lui imposer, le gouvernement chinois avait accordé l'ouverture des cinq ports ; mais usant ensuite de la cauteleuse habileté qui le caractérise, il s'était efforcé de paralyser les effets de cette concession. Dans les ports nouvellement ouverts, les autorités avaient fait avertir les négociants qu'en entamant des relations avec les *Barbares,* ils s'exposeraient au déplaisir de l'administration. Or, en Chine, l'administration possède une foule de moyens détournés de rendre son déplaisir funeste à ceux qui ont eu le malheur de l'encourir, sans qu'il leur soit possible de réclamer. Écoutons encore à ce sujet M. Jurien de la Gravière, qui a pu observer de près la duplicité que le gouvernement chinois a apportée dans l'exécution du traité de Nanking :

« Pendant que la cour de Peking feignait de consentir à l'ouverture des cinq ports, elle avait, dit-il, par d'hypocrites mesures, atténué autant que possible les effets de cette concession. Le gouvernement chinois ne se croit plus assez fort pour résister ouvertement aux exigences des étrangers : il lui reste l'emploi des influences occultes. On ne trouverait pas dans le Céleste Empire un seul capitaliste qui osât traiter avec les barbares sans l'aveu de l'autorité locale. Si ce spéculateur imprudent pouvait se rencontrer, ce n'est point par un éclat inutile que la cour de Peking punirait le scandale d'une pareille conduite. Il existe en Chine plus d'un moyen détourné d'atteindre et de châtier quiconque a encouru le déplaisir du souverain ou de ses représentants. Les persécutions violentes répugnent à ce gouvernement sournois. De perfides faveurs peuvent porter des coups non moins surs. C'est ainsi que la charge de percepteur de l'impôt du sel, un de ces *bienfaits célestes* qu'il faut recevoir à genoux, est plus redoutée des négociants chinois que la prison ou la Cangue. Le malheureux auquel son opulence ou la haine de ses ennemis a valu ce dangereux honneur voit en moins d'une année sa fortune compromise. Ce n'est point assez qu'il soit obligé de subir les emprunts forcés de tous les mandarins de la province, sans le concours desquels il lui serait impossible d'exercer le monopole qui lui est conféré ; un contrat arbitraire lui impose, en outre, le devoir de verser en argent les fonds qu'il a recueillis en monnaie de cuivre et l'obligation de payer chaque mois le douzième d'un impôt dont le recouvrement ne s'opère que par des ventes lentement effectuées. Le privilége de fournir de nids d'oiseaux, d'ailerons de requins et d'holothuries la table impériale est encore une de ces distinctions désastreuses, — toujours accompagnées, il est vrai, d'un avancement dans la hiérarchie officielle, par lesquelles la cour de Peking aime à faire expier aux négociants chinois les profits d'un commerce que la force des choses la contraint de tolérer à Canton et à Shang-Haï, mais qui n'a point cessé d'être odieux à sa politique ombrageuse (1). »

---

(1) Jurien de la Gravière. *Voyage en Chine,* t. 1ᵉʳ, p. 344.

Le commerce européen n'a donc retiré qu'un bénéfice à peu près illusoire des stipulations libérales du traité de Nanking. Ouverts en apparence, les quatre nouveaux ports sont demeurés presque fermés en réalité, par suite du mauvais vouloir de l'administration. Selon toute probabilité, il en sera ainsi, aussi longtemps que le gouvernement actuel restera debout, car la cour ombrageuse de Peking ne peut voir d'un œil favorable l'extension de relations commerciales qui doivent avoir pour conséquence inévitable d'augmenter l'influence des *Barbares* dans le Céleste Empire.

Mais que ce gouvernement, qui redoute tout progrès comme un danger, vienne à disparaître ; que la Chine soit enfin ouverte ; que ce marché de 3 à 400 millions de consommateurs soit rendu pleinement accessible à nos industriels et à nos négociants, ne verra-t-on pas en peu d'années notre commerce avec l'extrême Orient prendre une extension énorme ? La culture du thé et du coton, la production de la soie, etc., se développeront à la Chine, par suite de l'agrandissement du débouché extérieur ; la fabrication des produits manufacturés s'étendra en Europe sous l'influence de la même cause ; et il en résultera, des deux parts, une augmentation de richesse, de bien-être et de civilisation.

V

Comment la conquête pourrait être effectuée.

Nous avons vu qu'aucun obstacle sérieux ne pourrait empêcher, en Chine même, l'établissement de la domination européenne ; que cet immense empire se trouve pour ainsi dire abandonné à la merci de la première puissance qui voudra s'en emparer. Mais, il ne faut pas se le dissimuler, l'obstacle à la conquête viendrait peut-être de l'Europe même. En admettant, par exemple, qu'une des grandes puissances qui sont aujourd'hui en mesure d'effectuer cette conquête, la France, l'Angleterre, la Russie ou l'Union Américaine, voulût l'entreprendre, les autres États ne manqueraient pas d'entraver l'exécution d'un dessein si vaste. Une coalition analogue à celle qui a fait échouer les desseins de la Russie sur la Turquie se reformerait, selon toute apparence, pour protéger le débile empire de l'extrême Orient contre une tentative isolée. En effet, si la crainte de voir la Russie étendre sa domination sur une contrée qui ne compte guère que douze millions d'âmes et dont un despotisme inintelligent a, depuis longtemps, ruiné l'industrie et tari les ressources, si cette crainte plus ou moins fondée a pu susciter une coalition formidable et occasionner une guerre qui a coûté au monde civilisé un demi-million d'hommes et un capital de 10 milliards, à plus forte raison les rivalités politiques se donneraient-elles carrière, si l'une des grandes puissances entreprenait de s'annexer un empire de 3 à 400 millions d'hommes, disposant d'une des plus fertiles régions du globe et dont l'industrieuse activité a survécu aux atteintes du despotisme et de l'anarchie même. Une conquête isolée, égoïste, serait donc impossible, et le Céleste Empire se trouverait sauvegardé par la jalousie des puissances capables de le conquérir, beaucoup mieux que par ses troupeaux de soldats armés d'arcs ou de fusils à mèches, et ses remparts de carton.

Mais les obstacles qui s'opposeraient à une conquête isolée ne se dresseraient pas devant une conquête à laquelle participeraient toutes les nations civilisées, également intéressées à ce qu'un gouvernement digne de ce nom se substitue, dans l'extrême Orient, au despotisme rétrograde qui opprime tant de millions d'hommes industrieux et paisibles, en les séquestrant de la civilisation.

Cette entreprise, qui serait impraticable si elle était tentée isolément, deviendrait facile si elle était accomplie en commun, si aucune nation civilisée ne croyait, en conséquence, avoir intérêt à l'entraver.

Comment une entreprise de cette nature pourrait-elle être organisée en commun ? Voilà donc ce qu'il s'agit finalement d'examiner.

Elle pourrait l'être par *le concours libre* des capitaux et des forces de toutes les nations civilisées, c'est-à-dire par l'établissement d'une compagnie pour la conquête et le gouvernement de l'empire chinois, compagnie organisée sur le modèle de celle qui a conquis l'Inde Anglaise et qui la gouverne.

Les esprits routiniers et superficiels ne manqueront pas, nous le savons, de rejetter sans examen, comme une utopie, un projet si vaste, et qui s'éloigne, à tant d'égards, des entreprises ordinaires. Mais les hommes qui ont étudié l'histoire de la Compagnie des Indes ne douteront pas un seul instant, nous en sommes convaincu, que ce qu'une compagnie de capitalistes anglais a pu accomplir dans l'Inde, une compagnie de capitalistes européens ne puisse l'accomplir aussi en Chine.

Résumons en quelques lignes l'histoire de cette compagnie de marchands qui, primitivement instituée pour faire le commerce des denrées tropicales, a fini par assujettir et gouverner un empire de 150 millions d'hommes.

Fondée en 1599 sous la reine Elisabeth, au capital de 80,133 livres sterl., sous le nom de « Compagnie des marchands de Londres faisant le trafic des Indes orientales, » la Compagnie des Indes se proposa d'abord uniquement de faire des opérations commerciales. Mais, peu à peu, elle se trouva entraînée, dans l'intérêt même de son commerce, à effectuer des acquisitions territoriales. Ces acquisitions lui ayant démontré qu'elle pouvait réaliser des profits non seulement comme entreprise de négoce mais encore comme entreprise de gouvernement, elle agrandit successivement son domaine en intervenant dans les querelles des petits potentats de l'Inde et en confisquant finalement leurs territoires. Des hommes de génie, lord Clive, Warren Hastings, les deux Wellesley, la secondèrent admirablement dans son œuvre de conquête. A mesure que son territoire s'agrandissait, elle renonçait aux opérations commerciales, naturellement incompatibles avec les travaux du gouvernement. Ces opérations finirent même par lui être interdites, lors du renouvellement de sa charte en 1814, en sorte qu'elle n'est plus, depuis cette époque, qu'une « compagnie de gouvernement. » C'est elle qui gouverne l'Inde, sous le simple contrôle d'un bureau institué en 1784 par le parlement anglais. Avant la création de ce bureau de contrôle, c'est-à-dire à l'époque de ses principales acquisitions territoriales, le gouvernement de la métropole se bornait à renouveler sa charte tous les vingt ans, sans intervenir autrement dans ses affaires.

Aucun secours en argent ou en hommes ne lui était accordé pour mener à bonne fin ses vastes entreprises. Au contraire! Le gouvernement lui emprunta, à différentes époques, des sommes considérables, qu'il ne lui remboursa point. C'est donc à l'aide de ses seules ressources matérielles, et avec le simple concours moral du gouvernement anglais, concours payé fort cher, que la compagnie des marchands de Londres a réussi à accomplir la conquête de l'immense péninsule de l'Indostan et à porter les frontières de son empire du cap Comorin jusqu'au Thibet et de l'Indus jusqu'au delà du Gange. Son capital, qui n'était d'abord que de 80 mille livres sterl., a été successivement porté à 6 millions de livres (150 millions de francs). Avec ce capital, qui est inférieur à celui de bien des compagnies de chemins de fer, elle a conquis une superficie territoriale de plus de 3 millions de kilomètres carrés, et assujetti une population de 150 millions d'âmes. Depuis qu'elle a renoncé aux opérations commerciales, elle trouve ses bénéfices uniquement dans l'excédant du produit des impôts et des autres branches du revenu public de l'Inde sur ses frais de gouvernement. Ces bénéfices seraient fort élevés si le gouvernement anglais, jaloux de la puissance croissante de la Compagnie, ne s'était point constamment mêlé de ses affaires, depuis la création du bureau de contrôle, s'il n'avait même fini par limiter à 10 p. c. le dividende de ses actionnaires, en s'attribuant l'excédant des bénéfices, sauf à combler la différence dans le cas où cette limite de 10 p. c. ne serait pas atteinte.

Ainsi donc, une compagnie de marchands, simplement

autorisée par le gouvernement anglais, a réussi à conquérir l'Inde, au moyen d'un capital de 150 millions de
francs, voilà un fait incontestable. Un autre fait non
moins avéré, c'est qu'en dépit des difficultés de tout genre
que les puissances ennemies de l'Angleterre et trop souvent le gouvernement anglais lui-même, ont suscitées à la
compagnie, *l'affaire* est demeurée excellente pour ses actionnaires.

Eh bien, ce qu'une compagnie de marchands anglais a
pu faire dans l'Inde, malgré l'hostilité du reste de l'Europe,
pourquoi une compagnie de capitalistes européens et américains ne l'accomplirait-elle point en Chine, avec l'assen-
timent et le concours du monde civilisé ?

Supposons qu'une compagnie s'organise au capital de
300 millions, par exemple, et que les Puissances intéressées à ce que l'extrême Orient soit désormais acquis au domaine de la civilisation, s'engagent à la reconnaître, à lui
prêter leur appui ou simplement à ne pas entraver ses
opérations ; supposons que cette compagnie ainsi autorisée à enrôler le personnel et à acquérir le matériel nécessaires à son entreprise, dirige contre le débile gouvernement
de Peking, maintenant dépouillé de son prestige, affaibli
par une insurrection qui dure encore, convaincu d'ailleurs
de son impuissance à lutter contre les *Barbares* de l'Occident (1), une armée expéditionnaire recrutée parmi l'élite
des troupes que la paix va laisser disponibles et pourvue de

---

(1) Voir à l'appendice, note *I*.

tous les instruments de destruction dont les événements de
la guerre de Crimée ont révélé la formidable efficacité;
supposons que 20 à 25,000 hommes ainsi choisis et armés
débarquent soit à Nanking, en remontant le Yang-tse-Kiang
sur une flotte de vapeurs, soit sur les rivages du golfe de
Pe-tche-Li. à une petite distance de Peking (car les capi-
tales de l'empire sont aisément accessibles du côté de la mer.
le gouvernement chinois n'ayant jamais supposé, avant
l'expédition de 1840, qu'un danger sérieux pût le mena-
cer de ce côté); n'est-il pas évident que la conquête de ces
foyers de la domination tartare ne serait qu'un jeu pour
une telle armée? Les campagnes de l'Inde et, en dernier
lieu, la guerre de l'opium, ne sont-elles pas là pour l'at-
tester? Selon toute probabilité même, la supériorité de la
valeur et des armes européennes paraîtrait si écrasante
aux descendants amollis des Djenghiz et des Timour, que
le Fils du Ciel renoncerait à tenter une lutte impossible, et qu'il suffirait de négocier son abdication, en lui
assurant une pension analogue à celle que la Compagnie
des Indes paie aux descendants du grand mogol et aux
rajahs dont elle a confisqué les territoires.

Aucune difficulté sérieuse ne s'opposerait donc à la conquête. L'occupation serait également aisée, grâce à la centralisation excessive qui caractérise le Céleste Empire,
centralisation qui fait tomber d'emblée le pouvoir aux
mains de ceux qui ont réussi à se rendre maîtres de la capitale. D'ailleurs, les populations, opprimées et pressurées
tour à tour par les satellites de la domination tartare et
par les insurgés chinois, accablées sous les maux réunis

du despotisme et de l'anarchie, ne se soumettraient-elles pas volontiers à un pouvoir tutélaire et réparateur, surtout si des mesures efficaces étaient prises pour empêcher que les cruautés et les dilapidations qui ont déshonoré les conquérants de l'Inde ne se renouvelassent point en Chine ?

Maintenant, quels bénéfices spéciaux, cette entreprise, dont nous avons esquissé les avantages généraux, pourrait-elle procurer à ceux qui y engageraient leurs fonds ? Quels dividendes, cette compagnie politique, organisée sur le modèle de la Compagnie des Indes, mais plus vaste, plus compréhensive et disposant de bien autres éléments de succès, pourrait-elle rapporter à ses actionnaires ? Nous avons vu que les actionnaires de la Compagnie des Indes jouissent actuellement d'un *dividende assuré* de 10 p. c., sur un capital de 150 millions de francs. Or, le budget des recettes de l'Inde anglaise, qui fournit ce dividende, les dépenses couvertes, ne s'élève en moyenne qu'à 5 ou 600 millions de francs (1). Voici, d'après M. Gutzlaff, quel

---

(1) Un document officiel résume de la manière suivante le budget des trois présidences et des territoires soumis à la domination anglaise dans l'Inde :

	RECETTES.	DEPENSES.	REVENU NET.
	Millions.	Millions.	Millions.
1843-44 . , ...	505	471	34
1844-45	508	465	43
1845-46	521	484	37

(A return of the revenue and expenditure of India.)

est le montant annuel des recettes de l'empire chinois :

	Taëls (1).	Francs.
Revenu territorial en argent.	53,730,000 ou	401,900,400
» en nature, évalué à .	113,398,000	848,217,040
Impôt du sel	7,486,000	55,995,280
» sur le thé	205,000	1,533,400
» sur les marchandises .	4,535,000	33,921,800
Droits sur les marchandises étrangères à Canton . . .	3,000,000	22,440,000
» sur les articles de marchés.	1,175,000	8,789,000
» sur les boutiques et prêteurs sur gages.	5,000,000	37,400,000
Divers.	3,275,000	24,497,000
Total	191,804,000 ou	1,434,693,920 (2)

Ne serait-il pas facile de trouver sur ce budget de près de 1,500 millions de fr., la somme nécessaire pour assurer un dividende de 10 p. c. aux actionnaires d'une compagnie instituée au capital de 300 millions ? Les frais d'entretien de la fastueuse cour de Peking, frais qui pourraient être en grande partie économisés, ne couvriraient-ils pas seuls deux ou trois fois cette somme ? Ce n'est pas 10 p. c., mais

---

(1) Le taël est évalué ici au change de fr. 7 48.

(2) Dans ce relevé ne sont compris ni les droits de timbre ni plusieurs autres produits secondaires. M. Gutzlaff fait remarquer aussi que les exactions des agents de l'administration élèvent, en réalité, ce chiffre beaucoup plus haut.

(Ch. Gutzlaff. *China opened* (la Chine ouverte), t. II, p. 412.)

bien 50 ou 100 p. c. que pourrait rapporter l'entreprise, en admettant même que des limites fussent imposées aux bénéfices de la compagnie, dans l'intérêt des populations assujetties à sa domination. A tous égards ce serait donc une *magnifique affaire*.

Et cette affaire ne se présente-elle pas aujourd'hui avec un merveilleux caractère d'opportunité. L'Europe est en train de sortir d'une guerre qui l'a accoutumée aux grandes œuvres, elle va précisément s'occuper de percer l'Isthme qui la sépare de l'extrême Orient; elle rêve d'autres entreprises gigantesques pour donner une pâture à son insatiable besoin d'activité et dépenser son exubérante énergie. La conquête du mystérieux empire qu'un despotisme ombrageux a jusqu'à présent soustrait à son influence, n'est-elle pas bien faite pour la tenter? Quelle destination plus utile pourrait être donnée à tant d'énergiques et vaillants soldats que la paix va laisser sans emploi, à cet immense et coûteux matériel qu'elle va laisser pourrir improductivement dans les arsenaux ? Quelles circonstances pourraient être plus favorables pour organiser une entreprise destinée à agrandir le domaine de la civilisation ? Et quelle entreprise fut jamais plus que celle-là capable de frapper les imaginations tout en donnant satisfaction aux intérêts ?

Que si l'on objecte qu'une entreprise de cette nature serait contraire au droit des gens, nous ferons remarquer, en premier lieu, que si l'Europe n'en prend point l'initiative, avant un quart de siècle peut-être, des aventuriers peu scrupuleux, émules des Lopez et des Walker, l'auront accomplie, et qu'alors la civilisation chinoise, livrée aux déprédations d'une troupe de flibustiers, périra comme ont péri les civilisations du Mexique et du Pérou sous les atteintes des aventuriers espagnols. En second lieu, et cette considération nous paraît décisive, le droit des gens ne peut couvrir que ceux-là qui respectent ses lois naturelles et immuables.

Or, un gouvernement sanguinaire et corrompu, un gouvernement qui interdit le progrès comme un crime et qui séquestre dans l'intérêt égoïste de sa domination 3 à 400 millions d'hommes du reste de l'humanité, un gouvernement qui ne subsiste, pour tout dire, que par la violation permanente du droit des gens, ne saurait être admis à en réclamer le bénéfice. Déposséder ce gouvernement systématiquement barbare et retrograde, ne serait-ce pas simplement opérer une expropriation pour cause de Civilisation ?

APPENDICE.

NOTE *A*, page 16.

Les Chinois a l'Île Maurice. — A la suite de l'abolition de l'esclavage dans les colonies anglaises, les bras ayant manqué à l'île Maurice et aux Indes occidentales, on songea à y provoquer une immigration de travailleurs libres. L'immigration des Chinois à l'île Maurice fut notamment encouragée. Une prime de 65 dollars fut accordée pour chaque individu mâle ou femelle importé dans la colonie, et la moitié pour les enfants au-dessous de quatorze ans. Des milliers de Chinois arrivèrent dans la colonie, où leur activité de fourmis, leur âpreté au gain, leur économie exemplaire ne tardèrent pas à leur assurer la prépondérance sur la molle et indolente population des créoles. De là, des plaintes amères de cette population qui se reconnaissait incapable de soutenir la concurrence des nouveaux venus.

« Il est impossible à des Européens ou à des créoles, disait un des journaux de l'île, de soutenir la concurrence de pareilles gens; ils poussent l'économie jusqu'à l'avarice et la frugalité jusqu'à la parcimonie. Ils ne boivent jamais que de l'eau. Un peu de riz et de viande salée qu'ils font cuire eux-mêmes leur suffit; ils lavent eux-mêmes leur linge et n'en changent que deux ou trois fois par an. C'est le devoir de tout gouvernement de protéger ses sujets et de veiller à leur bonheur, d'où suit l'obligation de prendre des mesures fermes et énergiques pour faire

cesser un abus aussi révoltant que celui qui met ses propres ci-
toyens à la merci d'intrus qui nous disputent pouce par pouce la
terre qu'ils devraient cultiver, envahissent tous nos biens et fini-
ront, si on ne les arrête, par nous chasser de notre patrie. »
(*Mauricius Watchman*, 1844.)

Ces singulières plaintes des *protectionistes* de l'île Maurice n'ont
heureusement pas été écoutées, et cette colonie a continué d'accueillir les travailleurs laborieux et économes du Céleste Empire, qui l'ont préservée des désastres dont les Indes occidentales ont été atteintes par suite du manque de bras.

———

NOTE *B*, page 29.

Supplice des insurgés a Canton. — Lorsque les rebelles se
retirèrent du Sunchow, les milliers d'hommes emmenés comme
prisonniers à Canton y furent exécutés au nombre de 150 par
jour. Tel était, à peu près du moins, le nombre de ceux qui ont
été mis à mort, samedi passé, jour où nous avons assisté à ce
spectacle. La place des exécutions à Canton est située à cent yards
de la rivière et à une distance de deux milles au-dessous des fac-
toreries. Cette place est oblongue, d'à peu près 150 pieds de longueur, et l'entrée du côté le plus voisin de la rivière a tout au
plus six pieds de largeur. Cette entrée est fermée avec des bar-
reaux pendant les exécutions. A la grande entrée, la place a
environ vingt pieds de largeur. A droite, il y a des issues qui
donnent sur des fours à chaux et des fabriques de tuiles. Comme
nous approchions du lieu des exécutions, nous rencontrâmes
beaucoup de personnes qui portaient la main à leur nez ou qui
avaient noué leur mouchoir autour de la tête pour éviter l'horrible puanteur qui s'exhalait de ce lieu funèbre et qu'on pouvait
sentir à une distance considérable. La place était couverte de
larges plaques de sang figé, résultant de l'exécution de la
veille. Il n'y avait pas de rigoles pour faire écouler le sang et
aucun moyen n'était employé pour l'étancher. Un homme était

occupé à creuser des trous pour deux croix, sur lesquelles quatre prisonniers devaient être attachés et coupés en morceaux.

L'exécution avait été fixée pour midi. A onze heures et demie, une demi-douzaine d'hommes arrivèrent avec les coutelas, précédés de porteurs de caisses de bois non dégrossi et dont les parois étaient peintes en rouge, — c'étaient les cercueils. Les physionomies des soldats et des spectateurs, au nombre d'environ 150, n'exprimaient généralement que l'indifférence. La journée était triste, une brise fraîche de l'est emportait les émanations fétides de ce champ de mort, loin des étrangers qui avaient obtenu d'être admis, au nombre d'une douzaine, sur le toit d'une maison voisine. A midi moins un quart, un premier détachement de dix prisonniers arriva, bientôt suivi du restant divisé en escouades égales. Chaque prisonnier, ayant les mains liées derrière le dos, avait été placé dans une espèce de mauvais panier, d'où ses jambes pendaient librement, tandis que le corps y était affreusement ballotté. Ces « paniers de misère » étaient suspendus par des cordes à des bambous reposant sur les épaules de deux hommes. Lorsque les prisonniers furent arrivés, on les fit mettre à genoux, la face tournée vers le midi. Dans un espace d'environ 20 pieds sur 12, nous en comptâmes 70 rangés en une demi-douzaine de files. Cinq minutes avant midi, un mandarin à bouton blanc arriva, et les deux prisonniers qui devaient être coupés en morceaux furent attachés aux croix. Pendant que nous considérions cet épouvantable spectacle, l'exécution commença et une trentaine de têtes étaient tombées avant que nous ne nous en fussions aperçus. L'unique son que l'on entendit était un horrible grincement chaque fois que le coutelas s'abaissait. Un coup suffisait pour chacun et la tête tombait entre les jambes de la victime.

En quatre minutes, l'exécution fut terminée; alors commença le hideux et atroce supplice des autres victimes. Avec un couteau court et bien affilé un lambeau de chair fut enlevé au-dessous de chaque bras. Un gémissement profond et étouffé suivit l'opération du fer. Adroits comme des bouchers, les exécuteurs enlevèrent successivement un lambeau de chair aux jambes, aux cuisses et à la poitrine. Nous pouvons supposer, — nous pouvons espérer

que pendant ce temps les patients étaient insensibles à la souf-
france, mais ils n'étaient pas morts. Le couteau fut ensuite
plongé dans l'abdomen, que l'on fendit jusqu'à la poitrine, et la
lame fut promenée de côté et d'autre jusqu'à ce que le cœur se
trouva détaché de ses supports. En ce moment, nos yeux s'étant
portés sur la victime ainsi torturée, ils demeurèrent comme fixés
par une fascination ; un frisson étrange parcourut notre poitrine
et nous eûmes peine à nous retenir de tomber. Mais tout n'était
pas fini. On coupa ensuite les liens, et la tête qui était attachée
par les cheveux à une extrémité de la croix fut séparée du tronc,
que l'on démembra en coupant les mains, les bras, les pieds et
les jambes, séparément. Après cela, le mandarin quitta la place,
mais pour revenir bientôt avec un homme et une femme ; cette
dernière était, nous a-t-on dit, la femme de l'un des principaux
rebelles, l'homme était un chef de quelque réputation. La femme
fut coupée en morceaux de la manière que nous venons de dé-
crire. Un supplice plus horrible encore était réservé à l'homme ;
il fut écorché vif. Mais nous n'avons pas eu le courage de suppor-
ter plus longtemps ce spectacle hideux.

Tel est cet épisode de l'insurrection chinoise et l'un des derniers actes de la dynastie mantchoue. Il est impossible qu'un
semblable gouvernement puisse subsister plus longtemps. L'humanité doit faire cause commune contre les démons capables de
commettre de pareilles atrocités.　　　　(*The Friend of China.*)

A leur tour, les insurgés se livrent aux représailles les plus
atroces. Nous lisons, par exemple, dans un numéro plus récent
du *Friend of China*, que nous apporte le dernier paquebot, que
la ville de Wingon ayant été emportée par une nuée de rebelles
aux turbans rouges, le mandarin Chun-Akee-Reet-lo-Foo a été
fait prisonnier, et comme, en plusieurs occasions, il avait montré
la plus grande cruauté envers les prisonniers tombés en son pouvoir, il a été décidé qu'il serait soumis à la torture et qu'on lui
briserait tous les os avant de le brûler vif. La sentence a été
exécutée à la lettre.

NOTE *C*, page 30.

Les rois tributaires de la Tartarie. — Les souverains étrangers placés sous l'influence dominatrice de l'empire chinois se rendent à Peking, d'abord pour faire acte d'obéissance et de soumission ; et, en second lieu, pour payer certaines redevances à l'empereur, dont ils se regardent comme les vassaux. Ces redevances, qui sont décorées du beau nom d'offrandes, sont, au fond, de véritables impôts, qu'aucun roi tartare n'oserait se dispenser de payer. Ces redevances consistent en chameaux, en chevaux remarquables par leur beauté et que l'empereur envoie grossir ses immenses troupeaux du *Tchakar*. Chaque prince tartare est, en outre, obligé d'apporter quelque chose des rares produits de son pays : de la viande de cerf, d'ours et de chevreuil, des plantes aromatiques, des faisans, des champignons, des poissons, etc. Comme on se rend à Peking au temps des grands froids, tous ces comestibles sont gelés ; ils peuvent ainsi subir, sans danger, les épreuves d'un long voyage, et se conserver longtemps encore après être arrivés à leur destination.

Une des bannières du *Tchakar* est spécialement chargée d'envoyer tous les ans à Peking une immense provision d'œufs de faisans. Nous demandâmes au ministre du roi des Alechan si ces œufs de faisans avaient un goût spécial, pour qu'ils fussent si fort estimés à la cour. — Ils ne sont pas destinés à être mangés, nous répondit-il ; le vieux Bouddha (l'empereur de la Chine) s'en sert pour autre chose. — Puisqu'on ne les mange pas, quel est donc leur usage?... Le Tartare parut embarrassé, il rougit un peu avant de répondre ; puis enfin il nous dit que ces œufs de faisans servaient à faire un vernis pour enduire la chevelure des femmes qui emplissent le sérail de l'empereur. On prétend qu'ils donnent aux cheveux un lustre et un brillant magnifiques.

Ces visites annuelles à l'empereur de la Chine sont très-coûteuses et très-pénibles pour les Tartares de la classe plébéienne. Ils sont accablés de corvées, au gré de leurs maîtres et doivent fournir un certain nombre de chameaux et de chevaux pour porter les bagages du roi et de la noblesse. Comme ces voyages se font dans le temps le plus rigoureux de l'hiver, les animaux trouvent peu à manger, surtout lorsque, ayant quitté la terre des herbes, on entre dans les pays cultivés par les Chinois. Aussi en meurt-il en route un grand nombre. Quand la caravane s'en retourne, il s'en faut bien qu'elle soit en aussi bon ordre et en aussi bon état qu'en allant. On ne voit, en quelque sorte, que des squelettes d'animaux. Ceux auxquels il reste encore un peu de force portent les quelques bagages nécessaires pour le retour; quant aux autres, ils se font traîner par le licou, et peuvent à peine mettre leurs jambes les unes devant les autres. C'est une chose triste et étrange tout à la fois que de voir des Mongols allant à pied et conduisant après eux des chevaux qu'ils n'osent monter de peur de les écraser.

Aussitôt que les rois tributaires sont arrivés à Peking, ils se rendent dans l'intérieur de la ville et habitent un quartier qui leur est spétialement destiné; ils sont ordinairement réunis au nombre de deux cents. Chacun a son palais ou hôtellerie qu'il occupe avec les gens de sa suite. Un mandarin, grand dignitaire de l'empire, gouverne ce quartier, et doit veiller avec soin à ce que la paix et la concorde règnent toujours parmi ces illustres visiteurs. Les tributs sont remis entre les mains d'un mandarin spécial, qu'on pourrait considérer comme un intendant de la liste civile.

... Le premier jour de l'an, il y a une cérémonie solennelle, dans laquelle ces deux cents monarques ont une espèce de contact avec leur suzerain et maître, avec celui, comme on dit, qui, siégeant au-dessous du ciel, gouverne les quatre mers et les dix mille peuples par un seul acte de sa volonté. D'après le rituel qui règle les grandes démarches de l'empereur de la Chine, celui-ci doit, tous les ans, au premier jour de la première lune, aller visiter le temple de ses ancêtres et se prosterner devant la tablette de ses aïeux. Avant la porte d'entrée de ce temple, il y a une grande avenue, et c'est là que se rendent les princes tributaires qui se trouvent à Peking pour rendre hommage à l'empereur. Ils se rangent à droite et à gauche du péristyle, sur trois lignes de part et d'autre, chacun occupant la place qui convient à sa dignité. Ils se tiennent debout, gravement et en silence. On prétend que c'est un beau et imposant spectacle que de voir tous ces monarques lointains, revêtus de leurs habits de soie, brodés d'or et d'argent, et désignant, par la variété de leurs costumes, les divers pays qu'ils habitent et les degrés de leur dignité.

Cependant l'empereur sort en grande pompe de sa Ville-Jaune. Il traverse les rues désertes et silencieuses de Peking ; car lorsque le tyran de l'Asie paraît, toutes les portes doivent se fermer, et les habitants de la ville doivent, sous peine de mort, se tenir enfermés et muets au fond de leurs maisons. Aussitôt que l'empereur est parvenu au temple des ancêtres, au moment même où il pose le pied sur le premier des degrés qui conduisent à la galerie des rois tributaires, les hérauts qui précèdent s'écrient : « Que tout se prosterne ! voici le maître de la terre. » Aussitôt les deux cents rois tributaires répondent d'une voix unanime : « Dix mille félicités ! » Et après avoir ainsi souhaité la bonne année à l'empereur, ils se prosternent tous la face contre terre. Alors passe, au milieu de leurs rangs, le Fils du Ciel, qui entre dans le temple des ancêtres et se prosterne, à son tour, trois fois devant les tablettes des aïeux. Pendant que l'empereur fait ses adorations aux esprits de la famille, les deux cents monarques continuent de demeurer toujours étendus à terre. Ils ne se relèvent que lorsque l'empereur est passé de nouveau au milieu de leurs rangs. Alors ils montent chacun dans sa litière et s'en retournent dans leurs palais respectifs.

… Tous les princes tartares sont pensionnés par l'empereur ; la somme qu'on leur alloue est peu de chose ; toutefois cette mesure ne laisse pas d'avoir un bon résultat politique. Les princes tartares, en recevant leur solde, se considèrent comme les esclaves ou du moins comme les serviteurs de celui qui les paye ; l'empereur, par conséquent, a droit d'exiger d'eux soumission et obéissance. C'est vers l'époque du premier jour de l'an, que les souverains tributaires touchent à Peking la pension qui leur est allouée. Quelques grands mandarins sont chargés de ces distributions ; les mauvaises langues de l'empire prétendent qu'ils spéculent sur cette fonction lucrative, et qu'ils ne manquent jamais de faire d'énormes profits aux dépens des pauvres Tartares.

Le ministre du roi des Alechan nous raconta, pour notre édification, qu'une certaine année, tous les princes tributaires avaient reçu leur pension en lingots de cuivre argenté. Tout le monde s'en était aperçu, mais chacun avait gardé le silence; chacun avait craint de donner de la publicité à une affaire qui pouvait devenir une grande catastrophe, capable de compromettre les plus grands dignitaires de l'empire et même les rois tartares. Comme, en effet, ces derniers étaient censés recevoir leurs rétributions des mains mêmes de l'empereur, s'ils s'étaient plaints, c'eut été, en quelque manière accuser le vieux Bouddha, le fils du ciel, d'être un faux monnayeur. Ils reçurent donc leurs lingots de cuivre en se prosternant; et ce ne fut que de retour dans leurs pays qu'ils dirent ouvertement, non pas qu'on les avait trompés, mais que les mandarins chargés de leur distribuer l'argent, avaient été dupes des banquiers de Peking. Le mandarin tartare qui nous raconta cette aventure, donnait toujours à entendre que ni l'empereur, ni les gens de la cour, ni les mandarins n'étaient pour rien dans cette affaire. Nous nous gardâmes bien de lui ôter cette touchante crédulité; pour nous qui n'avions pas grande foi à la probité du gouvernement de Peking nous demeurâmes convaincus que tout bonnement l'empereur avait filouté les rois tartares. Cela nous parut d'autant plus certain, que l'époque de cette aventure coïncidait avec la guerre des Anglais; nous savions que l'empereur était aux abois, et qu'il ne savait où prendre l'argent nécessaire pour empêcher de mourir de faim une poignée de soldats qui étaient chargés de veiller à l'intégrité du territoire chinois.

(Souvenirs d'un voyage dans la Tartarie, le Thibet et la Chine, par M. Huc, t. 1er, p. 562.)*

NOTE *D*, page 30.

Révolte des tribus tartares. — Dans ces derniers temps, le gouvernement chinois a eu à soutenir une terrible guerre contre le Kachghar. Les détails que nous allons donner, nous les tenons de la bouche de plusieurs mandarins militaires qui ont été de cette fameuse et lointaine expédition.

La cour de Peking tenait dans le Kachghar deux grands mandarins, avec le titre de délégués extraordinaires (*kintchaï*); ils étaient chargés de surveiller les frontières et d'avoir l'œil ouvert sur les mouvements des peuples voisins. Ces officiers chinois, loin de toute surveillance, exerçaient leur pouvoir avec une tyrannie si affreuse et si révoltante, qu'ils finirent par pousser à bout la patience des peuples du Kachghar. Ils se levèrent en masse et massacrèrent tous les Chinois qui habitaient leur pays. La nouvelle en parvint à Peking. L'empereur, qui n'était pas instruit de la conduite révoltante de ses envoyés, leva promptement des troupes et les fit marcher contre les Musulmans. La guerre fut longue et sanglante. Le gouvernement chinois dut, à plusieurs reprises, envoyer des renforts. Les *hoeï-hoeï* avaient à leur tête un brave nommé *Tchankœul.* Sa taille, nous a-t-on dit, était prodigieuse, et il n'avait pour toute arme qu'une énorme massue. Il défit souvent l'armée chinoise, et causa la ruine de plusieurs grands mandarins militaires. Enfin, l'empereur envoya le fameux *Yang*, qui termina cette guerre. Le vainqueur du Kachghar est un mandarin militaire de la province du *Chang-Tong*, remarquable par sa haute taille et surtout par la prodigieuse longueur de sa barbe. D'après ce qu'on nous en a dit, sa manière de combattre était assez singulière; aussitôt que l'action s'engageait, il faisait deux grands nœuds à sa barbe pour n'en être pas embarrassé, puis il se portait sur l'arrière de ses troupes. Là, armé d'un long sabre, il poussait ses soldats au combat, et massacrait impitoyablement ceux qui avaient la lâcheté de reculer. Cette façon de commander une armée paraîtra bien bizarre; mais ceux qui ont vécu parmi les Chinois y verront que le génie militaire de *Yang* était basé sur la connaissance de ses soldats.

Les Musulmans furent défaits, et on s'empara par trahison de *Tchankœul*. Il fut envoyé à Peking, où il eut à endurer les traitements les plus barbares et les plus humiliants, jusqu'à être donné en spectacle au public, enfermé dans une cage en fer, comme une bête fauve. L'empereur Tao-Kouang voulut voir le guerrier dont la renommée était si grande, et ordonna qu'on le lui amenât. Les mandarins prirent aussitôt l'alarme ; ils craignirent que le prisonnier ne révélât à l'empereur les causes qui avaient suscité la révolte du Kachghar, et les affreux massacres qui en avaient été la suite. Les grands dignitaires comprirent que ces révélations pourraient leur être funestes, et les rendre coupables de négligence aux yeux de l'empereur, pour n'avoir pas surveillé les mandarins envoyés dans les pays étrangers. Pour obvier à ce danger, ils firent avaler à l'infortuné Tchankœul un breuvage qui lui ôta la parole, et le fit tomber dans une stupidité dégoûtante. Quand il parut devant l'empereur, sa bouche, dit-on, était écumante, et sa figure hideuse : il ne pût répondre à aucune des questions qui lui furent adressées.... Tchankœul fut condamné à être coupé en morceaux et à servir de pâture aux chiens.

Le mandarin *Yang* fut comblé des faveurs de l'empereur pour avoir si heureusement terminé la guerre du Kachghar. Il obtint la dignité de *batourou*, mot tartare qui signifie valeureux. Ce titre est le plus honorifique que puisse obtenir un mandarin militaire.

Le batourou Yang fut envoyé contre les Anglais lors de leur dernière guerre avec les Chinois ; il parait que sa tactique ne lui a pas réussi. Pendant notre voyage en Chine, nous avons demandé à plusieurs mandarins pourquoi le batourou Yang n'avait pas exterminé les Anglais ; tous nous ont répondu qu'il en avait eu compassion.

(*Souvenirs d'un voyage dans la Tartarie, le Thibet et la Chine*, par M. Huc, t. Ier, p. 405.)

NOTE *E*, page 52.

DISTANCE DE LA CALIFORNIE AUX COTES DE LA CHINE. — Par la Californie, les Etats américains sont plus rapprochés de la Chine que ne l'est l'Égypte. Le port de Suez est à deux mille cent trente-deux lieues marines de Hong-Kong ; celui de San-Francisco n'est qu'à mille neuf cent quarante-six lieues de Shang-Haï. Un navire à vapeur, gagnant le nord de l'île de Vancouver et la plus occidentale des îles Aleutiennes, pourrait traverser l'océan Pacifique en trente-huit jours. Il suffit, pour admettre la justesse de ce calcul, d'accorder aux paquebots américains la vitesse moyenne de cinquante-huit lieues par jour qu'atteignent les *steamers* anglais dans leur voyage de Suez à Hong-Kong.

(JURIEN DE LA GRAVIÈRE, t. Ier, p. 321.)

NOTE *F*, page 37.

L'ARMÉE CHINOISE. — Sur la foi des documents officiels, on avait cru longtemps que la Chine entretenait sept cent mille hommes sous les armes, tandis qu'elle ne compte en réalité que soixante mille soldats, bandes prétoriennes entièrement composées de Tartares mantchoux et divisées en huit bannières. La majeure partie de ces régiments tartares ne quitte jamais la capitale, le reste est dispersé dans les provinces et forme la garnison des villes. Ce corps d'élite renferme des hommes robustes et braves, mais qui avec leurs arcs et leurs arquebuses à mèche, avec leur complète ignorance de la tactique militaire, n'en sont pas pour cela plus redoutables. Ces fiers guerriers mantchoux sont, en fait de stratégie, beaucoup moins avancés que les pirates de l'archipel malais. Ils constituent cependant la véritable, la seule armée chinoise. Outre cette armée, la Chine compte une nombreuse milice. Le métier des armes y est, comme dans les huit bannières, un héritage de famille. Quand le fils a pu apprendre de son père à manier le sabre et le bouclier, à frapper d'une main et à se couvrir de l'autre, quand il sait lancer une flèche au but ou charger l'arquebuse, il se présente devant le mandarin, et, après avoir donné les preuves de capacité réquises, achète le droit de servir l'empereur. Ce brevet, délivré pour quelques taëls (le taël vaut fr. 7 50), vaut au soldat chinois une ration de riz ou un coin de terrain qui assure sa subsistance. Attachés au sol, ces miliciens ne sont point rassemblés dans des casernes. Chaque soldat vit chez lui, entouré de ses enfants, cultive tranquillement sa portion du territoire céleste et n'endosse l'uniforme que dans de rares occasions. Au moment du besoin, on ne retrouve pas le quart des soldats inscrits sur les registres des mandarins. Quelques-uns ne répondent pas à l'appel, le plus grand nombre n'a jamais existé. Leur solde a servi à grossir la paie insuffisante des officiers. Une fois rangée sous les drapeaux, cette multitude indisciplinée se mutine souvent, et on voit des corps entiers, arrivés en présence de l'ennemi, refuser de se battre, à moins qu'on ne les paie pour faire leur devoir. Avant l'expédition des Anglais en 1840, la guerre était en effet une éventualité imprévue dans ces contrées vouées à une paix profonde, et le champ de bataille ne paraissait pas le terrain inévitable sur lequel dût s'exercer la profession militaire ; les voleurs mêmes, dont les bandes, grossies par la misère et l'oppression, ont souvent menacé l'intégrité de l'empire, les voleurs redoutent peu les soldats chinois. Ils ont été plus souvent désarmés par des négociations opportunes que domptés par l'armée impériale.

(JURIEN DE LA GRAVIÈRE. *Voyage en Chine*, t. Ier, p. 46.)

Un des seigneurs qui accompagnèrent lord Macartney dans son ambassade à Peking portait à 1,800,000 le nombre des soldats chinois, dont 1,000,000 d'infanterie. (C'est la milice dont parle M. Jurien de la Gravière.) « Les soldats, disait-il, sont bien disciplinés, quoique en général ils soient efféminés, ennemis du travail et plutôt disposés à briller dans une parade qu'à combattre l'ennemi ; les Tartares se présentent au combat avec har-

diesse et intrépidité, et si l'ennemi leur cède, ils savent tirer parti de cet avantage; mais s'il montre de la résistance, ils n'osent pas continuer leur attaque. S'ils sont eux-mêmes attaqués avec vigueur, ils ne tiennent pas longtemps. L'empereur Cam-hy disait des soldats tartares : « Ils sont d'excellents soldats quand leurs adversaires sont de mauvais soldats ; mais ils sont détestables, quand ils ont à combattre un ennemi brave. »
    (Revue britannique. 1840. Force et Discipline
      de l'armée chinoise.)

NOTE *G*, page 40.

AVERSION PRÉTENDUE DES CHINOIS POUR LES ÉTRANGERS. — M. Itier, dans son *Journal d'un Voyage en Chine* (3 vol. in-8°. Paris, 1852), cite plusieurs anecdotes qui prouvent que l'aversion prétendue des Chinois pour les étrangers n'est qu'une invention de l'administration. M. Jurien de la Gravière constate aussi le même fait, et cite plusieurs mandarins qui ont été destitués pour avoir trop bien accueilli les étrangers.

NOTE *H*, page 45.

DE L'ABOLITION DE L'ESCLAVAGE PAR L'IMMIGRATION DES TRAVAILLEURS LIBRES. — Que le travail libre puisse se multiplier et *s'offrir* en quantité suffisante dans les contrées que la nature a rendues spécialement propres à la culture du sucre, du coton, du café, du tabac, et le travail esclave finira inévitablement par disparaître sous la concurrence de ce travail supérieur... Un fait nouveau nous paraît de nature à seconder dans ce sens les efforts des abolitionistes, c'est l'émigration naissante des Chinois sur le revers occidental du continent américain. Si ce courant d'émigration volontaire continue à se développer, si les Chinois s'adonnent à la culture des denrées tropicales en Amérique, comme ils le font dans le midi de la Chine et dans les archipels de l'Inde, leur concurrence active et intelligente obligera les planteurs des États du Sud à mieux traiter leurs esclaves, à les stimuler au travail par l'appât du pécule et la perspective du rachat; puis, en définitive, à substituer la culture libre à la culture esclave. C'est ainsi que l'esclavage a été aboli en Europe; c'est ainsi qu'il pourra l'être encore en Amérique.

(Dictionnaire de l'Economie politique. Art. Esclavage, t. Ier, p. 728.)

NOTE *I*, page 56.

OPINION D'UN MANDARIN CHINOIS SUR LE GOUVERNEMENT DU CÉLESTE EMPIRE. — Pendant son séjour au Thibet, M. Huc eut l'occasion de parler politique ou, pour nous servir de la charmante expression chinoise, de « dire des paroles oiseuses », avec un des premiers dignitaires de l'empire, le mandarin Ki-Chan. Ki-Chan lui donna quelques renseignements des plus curieux sur le gouvernement du Fils du Ciel et sur la manière dont les affaires importantes sont traitées au sein du conseil supérieur de l'empire; enfin il lui avoua que les Chinois n'étaient pas en état de résister aux Européens.

Pendant la courte période de notre prospérité à Lha-Ssa (capitale du Thibet), nous eûmes des relations assez familières avec l'ambassadeur chinois Ki-Chan. Il nous fit appeler deux ou trois fois pour parler politique, ou, selon l'expression chinoise, pour dire des paroles oiseuses. Nous fûmes fort surpris de le trouver si au courant des affaires de l'Europe. Il nous demanda des nouvelles de Palmerston, s'il était toujours chargé des affaires étran-

gères. — Et *Ilu* (1) qu'est-il devenu? Le savez-vous? — Il a été
rappelé; ta chute a entraîné la sienne. — C'est dommage; *Ilu*
avait un cœur excellent, mais il ne savait pas prendre une réso-
lution. A-t-il été mis à mort ou exilé? — Ni l'un ni l'autre. En
Europe, on n'y va pas si rondement qu'à Peking. — Oui, c'est
vrai; vos mandarins sont bien plus heureux que nous. Votre gouvernement vaut mieux que le nôtre : notre empereur ne peut tout
savoir, et cependant c'est lui qui juge tout, sans que personne
ose jamais trouver à redire à ses actes. Notre empereur nous dit :
— Voilà qui est blanc:... Nous nous prosternons, et nous répondons : Oui, voilà qui est blanc. — Il nous montre ensuite le même
objet, et nous dit : Voilà qui est noir... Nous nous prosternons
de nouveau, et nous répondons : Oui, voilà qui est noir. — Mais
enfin si vous disiez qu'un objet ne saurait être à la fois blanc et
noir? — L'empereur dirait peut-être à celui qui aurait ce courage : tu as raison... mais en même temps il le ferait étrangler
ou décapiter.

Ki-Chan nous raconta de quelle manière étrange on avait traité
à Peking la grande affaire des Anglais en 1839. L'empereur con-
voqua les huit *Tchoung-Tang* qui composent son conseil intime,
et leur parla des événements survenus dans le Midi. Il leur dit
que des aventuriers des mers occidentales s'étaient montrés rebelles et insoumis, qu'il fallait les prendre et les châtier sévère-
ment, afin de donner un exemple à tous ceux qui seraient tentés
d'imiter leur inconduite. Après avoir ainsi manifesté son opinion,
l'empereur demanda l'avis de son conseil. Les quatre *Tchoung-
Tang* mantchous se prosternèrent et dirent : *Tché, Tché, Tché,
Tchou-Dze-Ti, Fan-Fou;* oui, oui, oui, voilà l'ordre du maître.
Les quatre *Tchoung-Tang* chinois se prosternèrent à leur tour
et dirent : *Ché, Ché, Ché, Hoang-Chang-Ti, Tien-Ngen;* oui,
oui, oui, c'est le bienfait céleste de l'empereur. Après cela, il n'y
eut rien à ajouter, et le conseil fut congédié.

Cette anecdote est très-authentique; car Ki-Chan est un des

---

(1) Nom chinoisé de M. Elliot, plénipotentiaire anglais à Canton, au com-
mencement de la guerre anglo-chinoise.

huit *Tchoung-Tang* de l'empire. Il ajouta que, pour son compte, il était persuadé que les Chinois étaient incapables de lutter contre les Européens, à moins de modifier leurs armes et de changer leurs vieilles habitudes, mais qu'il se garderait bien de jamais le dire à l'empereur, parce que, outre que le conseil serait inutile, il lui en coûterait peut-être la vie.

(*Souvenirs d'un voyage dans la Tartarie, le Thibet et la Chine,* par M. Huc, prêtre missionnaire de la congrégation de Saint-Lazare, t. II, page 535.)

TABLE DES MATIÈRES.

APPENDICE.